山崎喜芳の体験的支店長講座

優績店はこうして創る

BANK Manager

〝再建屋支店長〟の異名をとり
〝ヤマザキ・マジック〟とよばれた
支店経営の実態をいまはじめて公開する

山崎喜芳

近代セールス社

「支店長応援歌」――まえがきに代えて

この本を手にとって下さったあなたに、まず感謝申し上げ、そして本書のご案内をさせていただきましょう。

難しい本ではありません。お気軽にどこのページからでもお読み下さい。質問に答える形で、私の5店舗12年の支店長体験を語ったものですから――。

あなたのお役に立つ本です。成功事例を多くご紹介しました。たくさんの失敗もありながら、あえて成功体験を語るのは「成功から学ぶ」ことの方がより効果がある、と考えるからです。

ちょっと変わった本かもしれません。詩がいくつも載っています。私が深く感銘し導かれた人生詩集からのご紹介です。その中からハッと感じて下さるところ、キラッと光るところを発見していただけたら、こんなに嬉しいことはありません。

以上、自信半分、うぬぼれ半分で申し上げました。この一篇一篇を毎月ひとつ、4年間にわたって語り、まとめましたので、愛着があるからでしょうか。

本書は、支店長シリーズの第3冊目となります。

最初の『これが支店長だ』では「明るく大きく考えて　幸せな支店長になりましょう」と提言させていただきました。2冊目の『実戦・支店長』では「商売の原点に立ち返り、お客さまの幸せを第一に考えよう　収益はその結果」と本音でお話しました。第一線の支店現場にいて〝収益至上主義の危険〟を実感していたからです。

新しい本が出て、一番嬉しいのは、現職支店長からハガキ、手紙でご感想をいただくことです。

福岡のKさん（地方銀行）は「あの2冊を赤線を引きながら、繰り返し読みました。本気の詩が一人ひとりの行員に滲みていき、これが当店の合言葉になりました。これで3期連続の受賞です。この本気の詩は、彼らのこれからの人生をも、きっと変えていくだろうと確信しています」。この文面からもKさんのお人柄がしのばれます。

山形のWさん（第二地方銀行）からは「〝明るく大きく運動〟をはじめて8年、ようやく定着しました。バブルにも、不祥事にも無縁。これも貴重なモノサシをいただいたおかげです」。

Wさんは本書にも登場する本部部長、昨年から支店長としての活躍が期待されています。「支店長にとって大切なお客さまは職員ですよ。この言葉にショックをうけました。これに気づいたおかげで、職員との信頼関係が深まり、連続受賞のキッカケになりました」と書いて下さった小田原のMさん（信用金庫）。愛敬があってみんなに好かれ、実行力抜群の人。「あなたはエライ」とほめてさしあげたい方です。

もう一人、大阪のHさん（都市銀行）「次長のとき読み、支店長になれたら、こうもしたい、ああもしたい、と考えました。そのせいでしょうか、いきなり優績店でスタートできました。新米の支店長ですが、支店長はヤリ甲斐のある仕事ですね」

Hさんは次長時代に、もう支店長への準備ができていたのですね。「支店長ほど魅力的な商売はない」これは2冊目の本のサブタイトルです。だから、こんなお便りをいただくと嬉しいですね。

どうか、本書を通読でなく、心読して下さい。折にふれて手にとって下さい。ご紹介する詩のいくつかがあなたを励まし、また慰めとなるでしょう。現場にあったときの私と同じように。

金融機関のリーダー研修をはじめて6年半。一泊二日の支店長研修で接した、のべ8500名の支店長各位と本書を通じて再会できることも楽しみのひとつです。

小生は終生〝支店長応援団〟の団長のつもりです。いつも、あなたに声援を送っています。大激変の金融環境の下、どうか心身ともに健康でご活躍されますようにと祈りつつ。

この本も『ベスト マネジメント』編集長・本波幸雄氏が仕掛人、原稿書きを逃げ回る小生に名インタビューアである同氏は「気楽にいきましょうよ、水割りでも片手に」とその気にさせ、ついに、いろいろと本音を引き出していただく仕儀と相成ったのであります。

出版にあたっては瀬川健部長にお世話になりました。お二人に、心からありがとう、とお礼を申し上げます。

１９９２年３月

ひな祭りの日に

山　崎　喜　芳

もくじ

第1章●

支店長の要件

――こんなリーダーになりたい――

第1章●支店長の要件

発想の転換が業績アップの第一歩

「明るく大きく運動」の〝教祖〟となる

――山崎さんの「明るく大きく考えよう」のスローガン、各地で大評判ですね。

山崎　年間130回を超える研修・講演のすべてにこのスローガンを正面に貼り出します。昨年、東北のある銀行の全支店長会議で司会の方が「〝明るく大きく運動〟の〝教祖〟として有名なヤマザキ先生をご紹介します」と言われ、思わず笑ってしまいました。〝教祖〟自身が笑ったのでみんな笑ってくれました。始まる前から明るくなってしまいました。この銀行トップ自ら「明るく大きく運動」の推進本部長となり、業務全般にわたってプラス思考をとり入れたら、見ちがえるように業績が上がってきました。トップの熱意が支店長に、そして一人ひとりの職員に浸透していきました。おもしろいものですね。

私は「業績は支店長の考え方と熱意で決まる」と考えています。考え方とはプラス思考のことです。「明るく大きく考えて行動するか」「暗く小さく考えるか」――結果が大きく違ってくることを私自身5店舗12年の支店長体験で思い知らされてきました。

金融機関の支店長研修のしめくくりに「受講感

想と決意表明」をやってもらいますと「この研修の最大の収穫は考え方を変えさせられたことです。明日からはプラス思考でいきます。明るくやります」というのが多い。そこからスケールの大きな戦略が生まれるのですね。

リーダーの〝明るい表情〟がお客を、職員を魅きつける

――この「明るく大きく」のスローガンは、いつ、どんなキッカケで生まれたのですか。

山崎　これは私自身ちょっとテレる話なのですが――。

いまから15年前、初支店長として張り切って着任したN支店でのこと。ある取引先の社長から、いきなり大きな声でこう言われたのです。「支店長！　ダメだよ。そんなムズカシイ顔してちゃあ。銀行なんて愛敬商売、スマイル、スマイル！」。ハッとしました。ショックでした。

実は思い当るフシがあったからです。初支店長として張り切ってはいたものの、思うように業績が伸びず「こんなはずでは……」というアセリがあったのでしょう。加えて子供の進学問題など、公私ともに悩みの中にあったのです。そんな中で「明るくスマイル！」は私にとって〝天の声〟のように聞こえました。

店へ戻ってから半紙に「明るく大きく考えよう」とマジックで書き、店長室に貼りました。毎朝声に出し読みました。自分に言いきかせるつもりで。何度も繰り返すうちに、だんだん気持ちが明るくなってきました。

もうひとつやったこと。これは活字にするのは恥ずかしいのですが「スマイルの練習」です。毎朝トイレの鏡に向って練習したのです。でもヘンなものですネ。心が暗いせいか顔がゆがんで見えるのです。でも練習というのは本当にすごいものですね。「スマイルの練習」をやりながら念仏の

ように「私は明るい、私は大きく変わる」とつぶやいてみたのです。フシギにだんだん心が明るくなってきました。それにしてもトイレの中ですから、文字どおりクサイ話ですよね（笑）。

それにヘンな話ではないですか、これは――。だって昔から「顔は心の鏡」などと言うでしょう。私の場合、顔というか表情を改めたら心が明るくなったのですから――。

心も大切だが「明るく振舞う」ことが大事なことですね。能楽でしたか茶道の本だったか忘れましたが、「形より入れ」という言葉に出会い考えさせられました。また心理学の本にも「悲しいから泣くのではない。泣くから悲しいのだ」とありました。

それから2カ月位たった頃でしょうか、総務係の女性と話していたら「このごろ、支店長さんを訪ねられるお客さまがとても増えましたね」と言う。「オヤそうかね」と言いながらも嬉しくなりました。

そのころからでしたね、役席の表情が伸び伸びとして、動きがよくなってきました。報告をマメにしてくれるようになり、前向きの提案がドンドン出てきました。職員も昼飯のときなど気軽に話しかけてくれるようになったんですよ。

業績は上向きになり、連続表彰のスタートになりました。

指導者とは〝希望〟を与える人

――この「明るく」を具体的な戦略・戦術、そして職員の指導にも結びつけられたわけですね。

山崎　「明るく」というお題目だけではダメですね。自店のマーケットを眺める場合もマイナス面だけでなくプラスの面を見ていく。人通りが少なく売上、利益横ばいの商店にも、長い間の蓄積、つまりストックがあるはず、と考える。たとえ赤字の会社でも、所有不動産の有効利用をもちかける。

　職員一人ひとりの指導も明るくやった方が結果がいいですよネ。長所をみつけて惜しみなく誉めることですね。

　誉められれば嬉しい。がんばって、またやってくれますよ。信頼関係ができていれば「これは直した方がいいよ」と言っただけで、素直に改めてくれるものですよ。

　指導者は〝指で導く人〟その大切な指は〝正しい方向を示す指〟とお話したことがありますね。「ウチの銀行は、ウチの支店はこの方向へ進むのだ」、そうすれば「3年後、10年後にはこんなに発展する」、そのとき「キミはこんなポストにいるはずだ」。

　経営環境が大きく激しく変って行きます。経営のカジ取りはますますムズカシクなってきました。そんな中で本物のリーダーとは常に明るく〝希望を与える人〟なのでしょうね。

第一歩

十里の旅の第一歩
百里の旅の第一歩
同じ一歩でも覚悟《かくご》がちがう
三笠山にのぼる第一歩
富士山にのぼる第一歩
同じ一歩でも覚悟がちがう
どこまで行くつもりか
どこまで登るつもりか
目標が
その日その日を支配する

（詩集『権威』より）

第1章●支店長の要件

行動指針は〝明るく大きく〟

〝紙芝居〟で成功事例の発表会

――「明るく大きく運動」を実践して成果を挙げている銀行のことを紹介されましたが、もう少し詳しく伺えませんか。

山崎　ハイ、この銀行ではこれをお題目だけに終らせずに、戦略・戦術にも応用しているのに感心しますね。

最近楽しい話を聞きました。若手行員のヤル気が盛り上っている、というのです。

支店の成功事例を若手が中心になってブロック毎に発表会をやっている。その方法がユニークでおもしろいのです。

たとえば、年金獲得トップの支店の場合、その企画会議から獲得までの具体的な経過を〝紙芝居〟方式で作成する。

シナリオを書く人、絵がうまい人、語りならまかせてという人、それぞれが得意な技をもち寄ってワイワイ、ガヤガヤいいながら創り上げる。女子の参加もあって楽しかった。

つい土曜日を一日つぶしてしまったが、またやりたい、という。

すぐれている発表事例は全支店長会議で発表してもらい、頭取から〝ごほうび〟が手渡される。これも感激、ヤリ甲斐がある、と張り切っています。

この成功事例の発表会は、W営業推進部長が仕掛人になって各支店長指導の下に成果が上っているすぐれたケースでしょうね。

このW部長とは、もう6年のお付き合いなのですが、ヒトの話をじっくりときく人なのに感心します。

いちど驚いたことがあります。どこかで聞かれた私の講演の受講メモをワープロで打ち直して送って下さった。話の筋書きだけでなく事例までも実に丹念に拾っている。

私の講演メモよりよほどきれいに整理されているのでビックリしました。

このW部長、明るさ、楽しさ、遊び心といったものを持っている人ですね。〝心の余裕〟があるということでしょうか。ですから支店へ臨店しても、女子行員にも人気があるのです。

これからのリーダーには明るさ、楽しさ、そしておもしろさがほしいものですね。

厳しさ、こわさだけで、つまり権力だけでヒトを従わせようとしたってムリですよね。

要は、一人ひとりが目標に向かって自発的にやってくれるかどうかでしょう。

その人の持てる力がのびのびと発揮できるよう指導していただきたいものですね。

仕事も全員が喜んで参加してくれるように〝おもしろゲーム〟を演出する。本部とか支店長は、プロデューサーというか仕掛人のセンスが求められるようになりました。

マジメよりも
人を楽しませる人間的魅力

――この「明るさ」「楽しさ」は金融機関のリー

ダーに限らず、すべての経営者にあてはまることですね。

山崎　ハイ、支店長の仕事を通じて多くの経営者の方々との出会いがありました。

私が残念に思ったことは、誠実で熱意もあり人柄的にもすばらしい経営者なのに業績は伸びずついに倒産というケース。

一方どうみてもキチョウメンとは程遠いタイプ。ゴルフは月に6回、〝カラオケ社長〟のニックネームも付いている社長。なのに同業の中では抜群の業績なんです。

そしていうことは「支店長、ウチの会社のヤツラときたら、トンデモネエ連中ばかり揃ってて ね。社長は朝礼と会議が終ったらサッサと出かけて下さい、なんて追い出しやがるんだ。その方が能率が上がるんだとさ。アッハッハ」

失敗談もよくやって人を笑わせる。「ゴルフコンペの日を一日まちがえた。でも折角来たのだからと、ある団体コンペに入りこみ準優勝してしまった。いまさら〝まちがえまして〟ともいえないので残念だったが、表彰式は失礼して風呂だけ入って帰ってきた」。

この話、何度聞いても笑ってしまいました。

明るい人、楽しい人だから社員にもお得意先にも人気があるらしい。

きっとヒトの使い方も上手なんでしょうね。

これからのリーダーはマジメ、熱心だけではダメですね。

どこにも負けない商品、サービスといった仕事の本筋で勝負することはもちろんですが、それに加えて、社員を魅きつけ、お客さまを楽しませる人間的魅力が求められるのでしょう。

カレンダーになった「明るく大きく」のスローガン

――近頃は「明るく大きく」のスローガンが有

名になって経営者向けの講演も多い、と伺いましたが……。

山崎　ハイ、嬉しいことですね。商工会議所・商工会、ロータリー・ライオンズクラブなどが多いのですが、昨年はK製作所グループのKフォークリフト（一部上場）の全社QC発表大会にお招きいただきました。

ここはデミング賞、日本品質管理賞などを次々に受賞してきた、品質管理では世界的なレベルの会社です。幹部の方が私の話をどこかで聞いて下さったとかで、いただいたテーマが「明るく大きく考えて熱意をこめて本気でやろう」というものでした。

特別講演として1時間、力を込めてお話しました。喜んでいただいたようです。

昨年の暮、ある建設会社の社長がわざわざ私宅までカレンダーを届けて下さいました。

社長さんの話。

「あの講演会場に天井からぶら下っていたスローガンが目に焼きついて離れません。実は創業15年の当社も、もうダメかと諦めかかっていたのです。

仕事が減り社員がやめていきました。その原因があのスローガンのおかげで分かりました。私の考えが〝暗く小さかった〟からです。あの日から私は考え方を変えました。

つとめて明るいことばを口にし、お得意先回りを始めました。社員一人ひとりの動きがイキイキしてきました。

もう大丈夫です。そこで来年のカレンダーに〝明るく大きく考えよう〟を刷り込ませてもらいました。一部お届けに参りました」

このカレンダー、私も自室にかけて、毎日眺めています。

リーダーの人間的魅力が部下を動かす

ストレス支店長の下ではイライラが全員に及ぶ

――「幸せな支店長になりましょう」というのが山崎さんの、いわばキャッチフレーズのようになっていますが、12年間の支店長生活の中で、役席者の方々がストレスなどからノイローゼになるという場面も見てきているんじゃないでしょうか。この対策は、いわゆるメンタルヘルス（心の健康）と言われる分野でもあると思いますが……。

山崎　これからの大きなテーマでしょうね。優秀な人材がストレスの蓄積などから、ノイローゼになって、将来が閉ざされてしまうのは、企業にとって大変な損失なんですね。

私は支店長としての仕事上の関心と、私自身のライフワーク的興味もあって、何度かメンタルヘルスの全国大会に出席して勉強させていただきました。

とくに銀行の役席者は、ストレスにかかりやすい、と言われています。

中でも支店長などは、激しい競争の中で、大きな目標達成という責任を負っているわけですから、よほど「心の持ち方」をしっかりしていないと、心の安定を失いがちです。

また、これだけは、ダレも教えてくれませんからね。良い本を読んだり、尊敬できる人の話を聞いたり、すぐれた先輩を見習ったり、要は本人の心掛けしだいでしょう。

順調に行っている時はいいが、業績が伸び悩んだり事故があったりすると、ストレスが強くなる。そのウップンを部下にぶつける人と、自分の中で消化、発散する方法を心得ている人とでは格段の差が出てきます。

ストレス支店長の下では、役席者の緊張感が高まり、そのイライラが全員に及びます。

若いうちから自分を磨いておきたい

——中間管理者層の方は、俗にサンドイッチ現象などと言われるほど、組織の中では期待と現実の差に苦しんでいるようですね。仕事量も相対的に増えてきますし……。

山崎　たしかに支店長と一般職員の中間に立って気苦労が多い立場ですね。それまでは自分の目標をこなしていけばよかったが、これからはプレーイング・マネジャーとして部下の指導が加わりますからね。

最近は時間短縮、早帰り。働きやすい環境をつくっていく中で、部下にヤル気を起こさせ、目標を達成させるにはどうしたらよいか。

加えて他係の役席との連絡・協調も大事なこと。当然ストレスにかかりやすい立場にあります。

入社して10年。ここで人間関係能力が試されることになるのですね。

また、職員を動かし、お客を動かして組織としての目標を達成するためには、リーダー自身の人間的魅力とか人間理解力といったものが求められてくるでしょう。

コンピュータ化の進展によって、営業店の体制や仕事の内容は大きく変化してきていますが、人と人とのふれ合い、〝人間的魅力の勝負〟という本来的なものは、何ら変わっていないんですからね。

しかし〝人間的魅力〟と一口に言いますが、これは役席者になったからと言って、すぐ身につくものではありません。たとえば45歳で支店長になったのであれば、それまでの45年間の蓄積が問題なわけです。

人間的魅力とか人を理解する力というのは、そのヒトが45年間の生涯をどうやって生きてきたか、あるいはどういうように勉強してきたか、にかかっていると思います。ですから、途中で適当にやっていたり、要領だけで泳いで来たというような場合は、リーダーになってから相当苦労するでしょうね。

部下が思うように動いてくれない、お客様が思うようについてきてくれないというのは、そのヒトのそれまで歩んできた人生の総決算でもあるようにも思いますね。

もちろん、人間は努力の産物でもありますから、それなりに人間的魅力を創っていくこともできるでしょうが、やはり過去の蓄積がモノを言うことだけは確かです。

ですから、若いうちから自分を磨くことですね。20代、30代で手抜きをすると40代では挽回できません。

要求水準は高く仕事はキビシイ、だけど……

——具体的に支店長の人間的魅力というのは、どんなところにあるんでしょうか。

山崎　リーダーは、あまり神経質すぎたり、完全主義の人でない方がいい。

「オレたちが頑張らないと、あの支店長、もたないぞ」と部下たちに思わせて優績店を創り上げた名支店長を知っています。

この点ではキミが大ベテランだから任せたよ、この分野はあんたが一番なんだから頼みますよ、ということで、出てきた結果については惜しみなくほめる。心から感謝する。

みんな明るくイキイキしてヤル気の店になっていきました。

あんまり頭が切れすぎて、完全主義の人っていうのは、そばにいて息がつまってしまいますよ。

肝心のところはビシッと押さえているが、たいていのことは信頼して任せてくれる。要求水準は高く仕事はキビシイ。だけどゴルフをやればいつもブービィ、カラオケで唄えば聞いてる方の酔いが冷める。

こんなご愛敬も人間的魅力のひとつかもしれませんね。このタイプの支店長の店では、行員はみんな伸び伸びやってますね。ストレスも当然少ないでしょうね。

本気

本気ですれば
たいていな事はできる
本気ですれば
なんでも面白い
本気でしていると
たれかが助けてくれる
人間を幸福にするために
本気ではたらいているものは
みんな幸福で
みんなえらい

（詩集『権威』より）

第1章●支店長の要件

ストレス解消は心と体の健康管理から

支店長というのは本当にストレスのたまる仕事

――管理者のストレス管理が問題になっています。金融機関の支店長にとっても大事な要素ではないでしょうか。

山崎　もともと責任者というのは、ストレスがたまりやすいポストなんですね。中堅中小企業経営者対象の調査でも「ストレスがたまっている」と回答された社長さんが全体の63％を超えています。

支店長だって、同じ立場ですよ。近年の支店長職は、厳しい競争の中で収益を大きく上げよ、人は減らせ、経費は節減、と要求は厳しくなる一方です。

私自身も12年間の支店長職、公私ともにそれこそ照る日、曇る日がありました。

単身赴任も体験しましたし、ある難問の解決が長引いた時など、わずか5分の駅から支店までの距離がこんなに遠いものか、と。下を向いて歩いていたのでしょう。うしろから次長に「支店長、大丈夫ですか！」と肩をたたかれて、ワレに返ったなんてことも――。

今でこそ笑い話で話せるんですが「お父さん、

一体どうなっちゃったんだろう、ノイローゼかしら」と家族が心配していたらしいですね。

仕事を楽しむこと 体を動かすこと

――「明るく大きく」の山崎さんにも、そんな時があったんですか。

山崎 いや、私だけでなく、5年、10年と支店長やっていると、いろいろなことがありますよ。順調なときばかりでありませんからね。そのストレスをどううまく発散させていくか、知恵みたいなものが必要ですね。

まあ、5時を過ぎたら〝支店長意識〟を捨てて、次長や役席、たまには若い連中と一杯のんでカラオケで唄うなんてのもいいんじゃないでしょうか。

とくに単身赴任の場合など、支店長のパーソナリティというか、生きざまみたいなものが全部出てしまいますね。

支店や地域に打ち解けることができないと、部下からだけでなく、お客さまにもソッポを向かれてしまいます。それでは支店もうまく回らなくなってしまいますよ。

ストレス解消策はいろいろあるでしょうが、私の体験から申し上げると――

①仕事を楽しむこと

目標の達成競争もゲーム化して、面白くやる。楽しくやる。目標必達を前提に若い人からも知恵を出してもらう。業績が向上すれば支店長が明るくなる。みんなも明るくなる。

②アタマは使うが、気は使いすぎない

気配りは必要だが、細かいことに神経質にならない。ヒトの好き嫌いを少なくし、感情的にならない。仕事本位に、公平に評価することでしょう。

③カラダを動かす

初支店長になって半年、ジョギングを始めました。毎朝15~30分、冬の朝でも汗をかいてシャワーを浴びるとヤル気が湧いてくる。ゴルフも大いに結構ですが、職場内のグループだけでなく、利害関係のない親しい友人との方がストレスがなくてよいでしょうね。

④趣味をもち、心をあそばせる

読書、音楽、釣、囲碁、将棋、バードウォッチング、なんでもいいが、一つに熱中してセミプロの域に達するといいですね。

⑤ユーモア、ウィットを忘れない

学生時代から寄席に出かけては志ん生、文楽、円生などを聴きました。T支店の会議室で、柳家小三治師匠に一席やっていただきましたが、この時は全員大喜びでしたね。

「指圧の心、母心、押せば命の泉わく」で有名な浪越徳治郎さんとはカラオケクラブで。80歳とは思えないツヤのあるお顔とハリのある声で、「やあ、ヤマザキさん、お元気、ワッハッハッハ!」本当に「笑う門には福来たる」ですね。スマイルが人を魅きつけるんですね。

支店でのストレスの原因は〝支店長にあり〟

――ストレス防止にはカラダと心の健康管理が大事なんですね。

山崎　きょうは支店のストレス管理の話でしたね。実をいうと、支店でのストレスの原因は〝支店長にあり〟なんですよ。なんといっても支店長の存在は大きいですよ。この支店長がいつもムズカシイ顔をしてたら、役席も気を遣って、体のアチコチが痛くなるわけです。

ストレス源泉のひとつに〝上向き病〟があります。

たえず本部というか、上の方ばかり見て仕事する支店長。どう見られているか、どう評価されているかを気にしすぎる役席。上司の顔色をうかがい、その一言に一喜一憂する。これではストレスがたまりますよネ。

「どうしたらお客さまが喜んで下さり、銀行も儲けさせていただけるか」

このお客さま第一主義に徹して目標達成に全力を傾ける。これは自分の領域です。努力すれば結果が出るのですから。

そのプロセス、結果をどう評価して下さるかは、他人様《ひと》（上司）の領域。自分が心配することではありませんね。

だから昇進、昇格、異動などについては心配しないと割り切る考え方、少し気どっていうと〝人生観〟〝人生哲学〟といったものを持っているとラクですね。

こう考えると、ストレス管理というのも一人ひとりの考え方や生き方に、かなり関連があるような気がしますね。

全力

甲子園の野球
名優のしばい
幼稚園の運動会
見ていると涙がでる
全力があまりに神々《こうごう》しいからである
はちきれる程に熟した西瓜《すいか》の美しさ
咲けるだけ咲いた野菊の美しさ
全力は美である
力いっぱいの現われは
なんでも人をひきつける

（詩集『権威』より）

第1章●支店長の要件

戦略発想のない支店に業績はない

一芸に秀でた支店長には問題発見能力がある

――最近は都銀さんを中心に、本部の専門スタッフから支店長として出るケースが増えていますが、営業店経験が乏しいにもかかわらず、そういう方々は支店長として成績をあげている例も多いようです。そのこととマネジメント能力とどんな関係があるんでしょうか。

山崎　私の持論ですが、マネジャーというのは何か一芸に秀でていないといけない、と思っています。

ひとつのことについてプロフェッショナルなものを持っていると、他のものも見えてくる、見当がつくものです。

支店長についても同じことが言えるわけです。いま最も重要なことは何か、それを見抜く力が支店長には要求されるんですね。

〟問題発見能力〟とでも言いますか、場面、場面に応じて的確な判定を下す能力が現場では大きなウエイトを占める。

この点では、本部出身に限りませんが、その道のプロといえるような修業をした優秀な人は、新しい分野に行っても、問題点や問題の核心を見抜く力が備わっているといえるでしょうね。

逆に、ひとつのことにすら精通していない人は、どれもこれも中途半端で、表面だけをなぞってしまう。

要領だけで来た人は、問題の所在、ポイントがつかめないでしょう。

たとえば、新日鉄の武田豊前会長は大脳生理学についての本を書いていらっしゃるし、大学で講義をされたら並みの教授以上の方です。大脳生理学を通じてマネジメントの何たるかを非常によくつかんでおられる。プロフェッショナルなものを持っている代表みたいな方ですね。

われわれの社会もだんだんそうなっていくのではないでしょうか。

いままでのようにゼネラリストというか、あれもこれもみんな知っているよ、という世間に通じたような人が人間をうまく動かせるかというと、そうじゃなくて、ひとつのことについて見識を持っている人、加えて人間的魅力を備えている人がリーダーになっていくのが最近の傾向じゃないですか。

大局観がなければ最後に笑うことはできない

——将棋の米長邦雄さんも週刊誌で人生相談をしたり、ギャンブルを解説したりもしていますが、人生で最も大切なものは大局観だと言っていますね。

山崎　その通りでしょうね。私も下手な碁を打ちますが、三目、五目と相手の石を取って喜んでいても、最後に勘定してみると陣地を大きく取られていることがあります。

勝負事にはよくあることですが、ある場面、場面の戦いで勝っても、大きなところで負けていたのでは勝負そのものが負けです。そうならないために大局観——全体をにらみつつ、目先にとらわれない戦略・戦術を展開する。我慢するときは我慢し勝負時をじっくり待つことが必要なんですね。

ときには、〝ゆずる〟とか〝捨てる〟部分があることも大切ですね。

ある局面、部分では強くても、トータルな戦略をバランスよく持っている支店長でなければ、最後に笑うことはできないでしょう。

戦術は同じでもネライどころを変えるとか、発想のポイントを変えるという戦略の面で優れた支店長のほうが、いい成績を残しているように思います。

知恵の時代の支店経営は戦略発想が決め手

——戦略発想の時代ということでしょうか。とくに支店長にはそれが必要なんでしょうね。

山崎　そうです。別な言い方をすると、いまは〝知恵の時代〟ですからね。

たとえば、この地域に流れ込んで来ている資金の流れを押さえることを、支店長ならまず考える。財政資金ならば公開されていますから、県や市の予算書を見れば大きい流れはつかめます。

たとえば、額の大きさで目に付くのは土木建設とか教育などという項目でしょうか。

どういう業者に資金が流れているのか、Aランク、Bランク、というようにランクづけして攻めてみる。

そういう業者が取引先になっていれば、資金も自動的に入ってくるわけですから、それがシステム化されている銀行は強いわけです。

それを調べて徹底的に業種開拓をしていく。その結果、受皿口座ができていけば資金は自動的に入ってくる。

もうひとつは、ストックの問題。

地域の資金の塊がどこにあるかということで

す。地域には必ず大きなカネを扱っている人がいます。しかし、それは必ずしも預金とは限らないし、株や土地、あるいは債券という形もあるでしょう。

そういう情報をつかんだら、まず預金というのではなくて、現先で運用しましょう、外貨預金もありますよ、というふうに運用のお手伝いをする。または不動産の有効利用や節税・相続についてアドバイスする。

戦略発想を持たず、戦略ノウハウも無い支店長は、朝から晩まで部下を叱咤激励しても、目標は達成できないでしょう。

動けばお金が集まる時代には支店長の差は「体力だ」なんて言ってきましたが、これからは「アタマの差」になってきた。

アタマと言っても知識だけでなく、行動力を伴った「知恵くらべ」の時代になってきましたね。

門のとびら

いかなる鉄門も必ず開く
いかなる難関も必ず通りぬけられる
開かないのは
確信が足りないからだ
たたきようが弱いからだ
一度たたいて開かずとも
二度たたけ
三度たたけ
五度たたけ
赤誠のこぶしで叩きに叩け
門のとびらは必ずひらく

（詩集『権威』より）

第1章●支店長の要件

〝似合い因子〟の発見から業績は生れる

お客の金融機関選択は〝似合い因子〟がモノを言う

――金融機関もサバイバルの時代などと言われていますが、結局のところ顧客のニーズをがっちり捉えたところが生き残るんでしょうね。しかし、これが何とも難しい――。

山崎　私はずっと以前、本部の業務推進役をしていたときに広告代理店を通じて銀行のイメージ調査をやったことがあります。

いわゆる取引動機調査なのですが、その分析にちょっと心理学的な手法を用いて〝デプスインタビュー〟を加えてみた。デプスですから深層心理です。

そうすると、顧客の取引動機の中には「近いから」とか「親戚がいるから」ということだけじゃなくて、金融機関との〝つりあい〟というか〝似合い因子〟というのがあった。

商店主とのインタビューの中で、

「信用金庫とツキ合っていると、下駄ばきで『よう、支店長』と声をかけても『いらっしゃい、景気はどう?』という調子だから気楽でいい。

ところが、都市銀行に行くときは、ちゃんとネクタイを締めて行くのに、行ったたって支店長が会ってくれるわけじゃない。係長クラスにうまくあしらわれてしまう。

確かに、金利は少し安いかもしれないけれど、この書類を用意しろ、あの書類を出せと言って、その揚げ句の果てには融資額が半分になってしまう。

あんなところに行くと肩は凝るし、いつまで経っても計画が立たない。

それに比べて信用金庫は、金利はちょっと高いかもしれないが、1％ぐらい高くても、いつでも必要なときにすぐ貸してくれるし、こちらの事情をよく理解してくれている」

というんですね。

これが〝似合い因子〟なんです。

男女の関係と同じように、いろんな意味でバランスがとれている似合いのカップルであることが重要というわけです。

そういう結果を見て、私は金融機関というのは他と同じことをやっていたのではダメだなと思いました。

自分のところはどういう先を標的にするんだ、どういう階層に歓迎されるんだ、というふうに得手、不得手をよく考えて、絞り込んだマーケットについては80％のシェアをとろうという戦略発想の必要性を痛感したものです。

もし、現場の支店長がこれを見誤ると、たとえ朝から晩まで汗水たらして動き回ったとしても実績は上がらないでしょうね。

支店長に戦略発想、戦略志向がないところには実績はついてきません。

お客の心を知るにはお客を体験するのが近道

――顧客ニーズに敏感になるのには、どんな方法があるでしょう。また、顧客の立場に立って考えるということを支店ではどのように指導されたんですか。

山崎　私は行員に「皆さん方は他の金融機関のカードを持っていますか」とよく聞きました。

私自身は都銀、地銀、第二地銀、信金と十数枚のカードを持っています――もっとも残高はみな少額ですけれどね――が、CDコーナーを利用させていただくついでに、窓口の方も拝見してくる。すると、ずい分いろんなことを学ばせてもらえるんですね。

そして次の日の朝礼で、その話をするんです。何々銀行の窓口ではこういう対応をしていて大変感心させられた。ロビーマンが実にテキパキと大きな声で対応していた。あれじゃ銀行強盗の方がビックリしちゃうんじゃないか、と。そして窓口の行員やロビーマンの人に見学してきてご覧と言うわけです。

私は他の金融機関からずい分学びましたね。何を学んだかと言うと、顧客の立場に立つということです。

考えてみると、自分も消費者なんですから、その気になって他の窓口に行って利用してみればいいんです。

よく抽象的に顧客の立場に立てなんて言いますが、私は「あなたもお客さま、私もお客さまだから、他行の窓口に行って実際に体験して待ち時間や事務の流れなどを調べてみたらどうでしょう」という話をいつもしていましたね。

問題意識さえあれば どこでも、誰からでも学べる

――意外に身近なところに問題を解くヒントがあるんですね。これならすぐにでも実行できますから、ぜひお勧めしたいですね。

山崎　自分もお客さまだ、自分も消費者だという意識から言うと、何でも自分で体験してみると分かるんですが、自分が嫌いなことは人も嫌いだ

し、自分が嬉しいことは人さまも嬉しいんです。

それが商売の一つの原点ではないでしょうか。

ですから、女子行員にはよくレストランなんかを例にあげて指導したりしました。最近はやりのファミリーレストランでは「ご注文を繰り返します。これとこれとこれでございますね」とオーダーの確認を忘れない。

また品物を運んでくると「これで全部ですが、よろしいでしょうか」と言う。レストランとお客のやりとりが実に正確に速やかに完了する。

果たして支店の窓口では、そういうことをキチンと行っていたか。この間のトラブルも、確認の復唱が正確に行われていなかったために、お客さまの要求とこちらのサービスが食い違って、お叱りを受けたのではなかったかと。

問題意識さえあれば、どこでも、いつでも、誰からも学べるということでしょうか。

内在の自己

現在の自己が
過去の自己が
何であるかを語らなくていい
将来の自己が
何でありたいか
何であらねばならないか
内に大いなる自己が眠っている
過去にも現在にも
まだ現われたことがない
内在のかれを呼びさませ
たいした仕事ができあがる

（詩集『権威』より）

引継ぎの要諦は「白紙で臨む」にあり

新任店を引継ぐ際の心得とは

――銀行員は入行してから何回となく転勤を経験して、世間の人が思うほど転勤は苦にならないものです。しかもそれを機に新たな心構えを考えることができる機会でもあります。まず新任店に赴任するときの心構えあるいは留意点から伺えませんか。

山崎　最初の支店長就任が48年1月でしたが、支店長歴としてはちょうど12年、5店舗の引継ぎをやりました。

まず、引継ぎの場合、一週間ほどの短期間に前任店と新任店を往復しながら連日前任支店長と一緒に行動をして、名刺の交換の連続、正直いってお客さんの顔も覚えられません。着任後しばらくして、これから自分の足で歩き、自分の目で確認する。これから新しい仕事が始まるというところです。

職員一人ひとりについても同様です。まず自分の目でみることが大事で、そこにまた〝転勤〟の意味もあるんじゃないかと思います。

――地域を知ると同時に店を知る、ということもあろうかと思いますが。

山崎　地区を知ることは当然大切ですが、既設店の場合、自店のお客を知る作業から始まります。引継いだお客さまを知ることによって、結果としてその地区の特性が理解できる、ということになります。そして徐々に地区の産業構造、住民の気質ということが理解できてくる。

さらに業績をあげることがわれわれの仕事ですから、例えば地区の平均成長率が5％であるとき、ある部分はゼロ成長、またある部分は10％成長といったように産業構造の中でも業種別にバラつきがある。発展している部分と自店の客層がマッチしているのかどうか、このあたりを検証することが次の作業として出てくると思います。こういうことを通じて〝地区を知る〟ことが現実的なところじゃないでしょうか。

われわれは激しい競合の中で引継ぎをするわけですから、現在の自店のお客をガッチリつかむことがまず第一でしょう。

次の作業は自店の業績を知ることです。よく不振店とか優良店といいますが、本来の意味での業績は地区内シェアが上がったかどうかです。そのためにどうするとよいか。最大の決め手は、自店の職員の〝力量〟を知ることでしょう。職員の潜在能力をどれだけ支店長が引出せるかが自店戦力を決定すると思います。

私にとって、自店の職員こそ大事なお客さまと考えている。ですから着任したら、あらゆる機会を捉えて自分を売り込むのです。次長以下の全職員が支店長の意思を理解してお客さまに当たってもらえれば戦力は数倍になります。

こういう意味で経済環境を知ることも大事ですが、一緒に働く職員の力を最大限に引き出したい、といっているのです。職員に自信をもたせ、能力をどんどん引き出すことこそ、支店長の最大の役割じゃないでしょうか。

――一方、行員の方は赴任する支店長のことを知りたがっています。取引先にも同様のことがいえますが……。

山崎　実際、私の前任店にも電話がかかってきていたようですよ。「今度くる支店長はどんな男なんだ」と行く前から大体情報は入っているようですね（笑い）。しかし、いずれにしても時間の問題でしょう。

上から下は見えにくいんですが、下から上はよく見えるんですね。支店長の一挙手一投足がみんなに見られている。われわれがヒラだった頃、支店長の動きに注目したようにね。口でうまいことをいってもダメですね。

お客さまだって有力な方ほど人物鑑定眼は厳しい。カッコつけてもダメ、結局は支店長の人間力というか、実力がモノをいうのでしょうね。

方針転換はどこまで可能なのか

――地域を知り、支店を知る。しかしそこには今までに培った自分の思想をもって赴任するわけです。そしてまず何をやるかと……。

山崎　異動は文字通り異なる動きをすることだと説明された方がおられましたが、これは面白い解釈だと思いますね。転勤・異動は新しい刺激を加えることとです。

組織に長年いると、どうしてもマンネリズムに陥りやすい。そこで異動をし、刺激を与える。そうすると、そこに活力が生まれる。これこそ転勤のねらいだからです。

したがって、前任店長とは違った角度から店にスポットライトをあてる、あるいは刺激を与えることがなければ転勤の意味はありません。

従来の路線に一応乗って、少しずつ変えていく。ところが、不振店の場合は、かなりドラスティックに変えていかないと業績向上が果たせないところがある。しかし、この場合も全面否定ばかりではなく、肝心なところだけを思い切って変えていくということが大事でしょうね。

着任当初は職員も構えていますから、変えるといっても前任者の欠点を探すのじゃなく、長所をみながら逆に職員に自信をもたせ、「こうするともっとよくなる」という表現でスムーズに入っていく。私は着任直後に言うんですよ。１００点満点の店なんてない。この店は60点かもしれないし、80点かもしれない。

しかし満点を目指すのだから現在80点なら90点を目標に皆でやろう、なんて……。

――君たちの店は今までゼロだったと言うんじゃないわけですね。

山崎　もちろんそうです。

後任者に引継ぐポイント

――さて、次に今度は自分が後任者に〝店を引継ぐ〟場合なんですが……。

山崎　正しいデータをまず後任者に渡さなければ正しい判断はできません。中でも難しいのは、職員人事に関することです。最近の考課表はかなり細分化され、評定項目も多くなっています。これをどう読むか、どう判断するかは次の支店長に任せることになりますが……。

在任中どこに重点をおいたか、新規開拓はもう一つうまくいってない、次に頼むよということもあるでしょう。引継ぎということで各種のデータは手に入りますが、それは一応おいて3カ月間だけは自分の目でみ、頭で考えることをおすすめしたいですね。

人についても同じです。三カ月たつとおよそ職員のことは分かりますから、それから初めて人事考課表をみる。

新任地では地区の見直し、お客の見直し、職員の見直しとありますが、私は〝職員の見直し〟を優先しています。先入観にとらわれすぎず、白紙でみるように努めたらよいと思いますね。

仕事を面白くする支店長の創意が部下を引っ張る

給料は仕事が面白くない我慢料か

——就業時間以降の、いわゆる〝アフター・ファイブ〟の使い方という問題ですが、これは一面〝ビフォア・ファイブ〟の問題でもあるように思うのですが……。

山崎　これには二つの考え方があるでしょうね。一つは、仕事は面白くないものだ、給料はその我慢料だという考え方です。

銀行業なんて「カネを集めて貸して、利ザヤで飯を食っている体《てい》のいい金貸しだよ」と自分の仕事を卑下して眺める、シラケ切ってみせる。

だから「5時を過ぎたらオレの時間、大いに遊ぼうじゃないか。これこそオレの人生だ」と夢中になって遊ぶ。

私も銀行に入ったころは、こんな考え方をしたものですが、これでは仕事の成長、発展がないのですね。

やがて、ある先輩のアドバイスでそれとはちがう考え方に切り換えてみました。

「仕事も遊びにしたらどうだろうか。銀行の仕事を面白くしよう。ゲームと考えたら——」と。

銀行員とは、いろいろな人に出会えるすばらしい商売、と考え方を変えたんですね。毎日が楽しくなってきました。

新規開拓なんていうのも、最初は行けども行けども玄関払いですから、ショックを受けて帰って来る。

ハートが傷ついたなんて言ってね（笑）。ところが、「断られてもともとだ。会ってくださるだけでもめっけもんだよ」というぐらいの気楽な気持ちで行くと、どんどん面談のチャンスが増えてくる。面白いものです。

「セールスは断られたときから始まる」というじゃありませんか。考え方を変える、気分を変えるだけで、結果的にはものすごく伸びることがありますね。

仕事をゲームに見立てるといろいろなアイデアが浮かぶ

――〝仕事もゲームだ〟という考え方は、具体的にはどういうことですか。

山崎　ゲームといえば、少し不マジメな響きがあるかも知れませんが、たとえば、新規訪問で社長にこっぴどく断られた。よし、この会社、5回訪問で落してみせよう、と決める。つまり自分と賭けをするわけです。

あの会社に弱点はないか。あるとすれば、どんなところか。弱点というのは言い換えればニーズのことですから、売上げが伸び悩んでいれば、有力な販売先を紹介する。労使関係でもめていれば、うまくいっている事例を紹介する。

あの手この手で攻めて、4回目で取引が成立しました。

「10年前にこんなことがあった。キミのところとは取引しない。二度とくるな」と言われ、しょげて帰ってくる得意先係。まず次長が行く。次に支店長がいく。会ってくれない。それではラブレター戦術でいくか。それとも、早朝の社長自宅訪問でいくか。

N支店で現在最有力のお客さまの開拓はこんな具合でした。

窓口のミスでお客さまが大声でどなっている。「まあ、どうぞ」と応接室に招き入れる。ていねいにお詫びをし、事情を説明したあと、どうすれば気分よくお帰りいただけるかを考える。

どなりこんできたお客さまから多額のご預金をいただいたケースがいくつもありました。

仕事をゲーム化して、あの手この手の攻略法を考えてみるんです。そうすると、いろいろなアイデアが浮かんできます。

これは、支店経営でも同じことです。業績が伸び悩んでいる支店に赴任して、どこから手をつけようかと考える。

これも、ひとつのゲームに見立てて、勝ちゲームにもっていくための方法、手段を工夫する。ヒト、モノ、カネ、情報を有効に組合せる。

こんな具合に仕事を運んでいくと楽しくなりますよ。なんでも面白くしちゃうことですね。

そうすると、どこまでが仕事で、どこまでが遊びか、分からなくなってしまう。こうなるとストレスが半減して身体の調子までよくなってきます。面白いもんですね。

店内のゲーム運営はユーモアたっぷりに

——支店内の預金増強運動で係別やグループ別に競争させるというゲーム的なやり方は、よく聞きますね。

山崎　班編成にして競い合うことは、たいていの支店でもやっているでしょう。でも成果が上がる店とそうでない店とがある。大切なことは、全員にゲームに参加してもらうことでしょう。イヤイヤでなくイソイソと。

そのためには、役席が目をつり上げての叱咤激励よりも、ユーモアたっぷりにやることでしょうね。

ごほうびの出し方にも工夫がないといけません。達成賞だけでなく区間賞とか週間賞、スピード賞などと、いろいろと。

ある運動のときチョコレートを出していたら、成績が良いグループが「チョコレートのいただきすぎで鼻血が出そうです。今度は大福餅にして下さい」なんて（笑い）。

得意先係の競争では、以前はサントリーオールドでも出せば喜んでがんばったものでしたが、だんだん時代が変って、「支店長、オールドパーならやります」なんてのも出てきたりね（笑い）。

仕事をゲームになんて不謹慎な、といわれる方もいらっしゃるかもしれませんが、これからのリーダーは頭がコチコチの生マジメ人間ではダメで、むしろオモシロ人間的な要素がないとチームは活《い》き活《い》きとしてこないのではないでしょうか。

争いは

争いは
人のこころをかきむしる
争いたるものは
共に破れたるものなり
争いは
たからを失い身をやぶる
平和を求むる者のみぞ
永遠に勝利の人なり

（詩集『権威』より）

第1章●支店長の要件

社長の人物鑑定ができますか

中小企業は会社イコール社長

――山崎さんは現職の支店長時代、融資の判断には〝社長の人物鑑定〟が大事である、と言っておられましたね。

山崎 ハイ〝生き残りをかけて〟というジャーナリスティックな表現が決してオーバーでないような、厳しい金融戦争の中では、何はおいても収益第一。それには運用力、と言われています。

「担保さえあれば喜んで」から一歩すすんで「信用があれば」ある程度までは無担保で融資というケースも多くなりました。

ところが、不良債権が多発していますね。利息だけならともかく、モトが回収できないロス債権の発生となると、さあ大変です。

私自身、支店長12年の間には、多くの融資案件にハンコをついてきました。いくつかの失敗もありました。ヤレヤレと胸をなで下したこともありました。でも大きな失敗からは免れました。

いま考えると、アレがよかったのかな、と思い当たることがあるのです。

それは、社長の〝人物〟を見ること。「社長の人物鑑定」こそ大切だと思いますね。こんなことを申し上げると、思い上がっているように受取られるかもしれませんが――。どうか誤解しないで下さい。

私は銀行在職中、お取引先の社長からずい分多くのことを教えていただきました。また、すぐれた経営者の方々との出会いが、私の銀行員生活、とくに12年の支店長時代を実り多い、そして心豊かなものにしていただいた、と感謝しているのですから――。

それはそれとして、私は中堅・中小企業は、すべて〃社長次第〃だと考えています。ズバリ申し上げれば、会社とは、リーダーである社長そのもの。社長は〃ダントツの存在〃、社長を抜きにしては、その会社の現在を理解し、将来の予測もつきかねるのです。

人間力の注目点は
人柄・考え方・熱意

――「社長の人物鑑定」の第一は〃人間力〃と同いましたが……。

山崎　その〃人間力〃には三つあります。

第一に「人柄」でしょうね。ウソをいわない誠実さ、これは信用の基本ですものね。それに人間的な温かさがあるかどうかも大切です。

いろいろな角度から質問させていただくといいでしょうね。「今年の新入社員は社長の目からご覧になっていかがでしょうか」「社員の福利厚生の面でも、いろいろ社長は工夫しておられるようですが」と水を向けてみる。

第二に「考え方」です。「明るく大きく考える人」か、まじめだけれど「暗く小さく考える人」か、例の私のモノサシをあてて判断します。

「御社の3年後、10年後は」「人材は」、いろいろ伺ううちに、マイナスことばが多い社長がいますね。「ウチみたいな中小企業にはロクな人材はきませんよ」。

〃人材〃とは社長そのもの、と私は思うんですがね。社長が魅力ある人であれば、よい人たちが集まってきますね。

「ダメだ」「ムズカシイ」

こんなマイナスことばを使う社長に対して、

「ウチには面白い連中が揃っていてね」

なんて笑顔で楽しそうに話して下さる社長。

「この点だけは要注意だが、大体イイ線いってます」

「来年で10周年、若手が育ってきたのが楽しみ、思い切った抜てきをして役員陣を若返らせようと考えています」

「ヤレるぞ」「できるぞ」「おもしろいな」

こんな明るい励ましの〝プラスのことば〟を使える社長の下では若手がグングン伸びていきますね。

「大きく考える人」とは〝相手の立場に立って考えることができる人〟のこと、つまり〝お客さま第一〟を実行している社長なら〝買い〟ですよね。

また、〝社員の望んでいること〟をキャッチできるシャープな感性を備えている社長は、ヤル気いっぱいの成長企業に育てていかれるでしょうね。

マジメだけれど、明るくない社長は伸びませんね。若手がやめていくケースが多い。

仕事が楽しくない、おもしろくない、のではなく、社内の人間関係、とくに上司との関係が、楽しくない、面白くない、ことが主な原因なんですね。

これからはヒトの時代
社長の熱意が何よりのポイント

経営は、ヒト・モノ・カネといいますが、これからは、何よりもヒトが大切です。若手を魅きつけられない社長、つまり会社は、やがて消えていくでしょう。

人間力の第三番目は「熱意」です。私のスローガンのひとつは、

「熱意こそ人を動かす」

だから「本気」でやろう、というのです。

私も、これまで多くの会社を見てまいりましたが、社長の「熱意」なくして成功した会社など、ひとつも知りません。

事業運営の中では、運がよかった、ツイていた、ということはトキにありますよね。しかし、10年、30年という時間の経過の中で、リーダーが高い目標を掲げて、それをぜがひでもやりとげるという熱意というか、執念というか、そのような情熱がなくては成功しないのですね。ですから「社長の熱意」がポイントですね。

そこで、こんな質問をしてみることにしました。

「社長さん。あなたのお母さまは、どんな方だったのでしょうか」

「社長さんが子供のころ、どんな〝しつけ〟を受けられたのですか」

一瞬ビックリした顔をされるが、ニッコリされて「私のオフクロは――」と語り始められる。そのお話を聞きながら、なるほど「この親にしてこの子あり」と思います。

それは、私自身、子供の頃から繰り返し聞かされた〝母のことば〟、子供心で眺めていた〝母の行動〟、この影響を、強く、そして深く受けて、今日に至っていることを感じ、驚いているからなのです。

このすばらしい社長の今日は、この母親あってのことだ、と納得するケースが多いのですよ。それでは「父親の存在は」ということになりますが、今回は、その話はやめておきましょう。

第1章●支店長の要件

人を幸せにできる人こそリーダーに

〝人生満喫まんじゅう〟に教えられる心の持ち方

――今回お伺いする話は、ちょっとおだやかではないですね。

山崎　ハイ「部下の心を殺してしまうような経営者は銃殺刑にせよ」なんてことを、本に書いたり、大勢の前で講演したりしているユニークな人物をご紹介しましょう。

酒井邦恭さんという経営者。『分社・会社を分けて人を生かす』の著者として日本では知られていますが、いまや欧米や中国など、むしろ海外での評価の方が高いようですね。

ハーバード大学の教授、学生と討論会を終えるとソルボンヌ大学へ飛ぶ。日本へ帰って来たかと思うと、こんどは中国へ、国賓待遇で各地で講演という具合いで、世界中に〝酒井流経営〟を広めようとしておられる。

この酒井さんは、私のスローガン「明るく大きく」を地で行くような人なんです。10年ほどまえ、ちょっとしたキッカケで「いちどウチの会社で話してほしい。幹部連中を集めるから」とお招きいただいたので喜んで伺いました。

大きい会社では社員はダメになる。会社をどんどん分けたら24社（現在は34社）になった、と話される。なるほど社長以下社員がイキイキと働いている。

もうひとつのヒミツはどうやらこのスローガンらしい。「それでお客は満足か」が上からぶら下っている。工場内にも事務室にも――。

帰りがけに〝おみやげ〟をいただいた。帰って開けてみたら、なんと〝まんじゅう〟なんですよ。のし紙には〝人生満喫まんじゅう〟とあり、こんな言葉が書いてありました。

「天より頂いた限られた人生を、満喫できることは、人間としてこの上ない幸せです。人生は各人の心の持ち方で決まります。面白くする工夫こそ大切です。酒井邦恭」

〝人生満喫まんじゅう〟なんてユーモアがありますよね。

念のため申し上げますが、この会社は〝まんじゅう屋〟ではなくて、プリント基板などエレクトロニクス関連なんですよ（笑い）。

でも〝まんじゅう〟に託して、大切なことを大ぜいの人に訴えようとしておられるのです。短い言葉の中にも酒井さんの考え方が、よくうかがえるように思いますね。

真面目で努力家
これは最悪の条件か

――酒井さんの本は、朝日文庫「分社・ある経営感覚」として好評のようですね。

山崎　エエ、この本の中で面白いのは、リーダー（社長）のランク、ABCDでしょうね。

まず最低のDランクからご紹介しましょうか。

「意地っ張りがすぎて、能力のある人に頭が下げられない」

「いばった話し方をする」

「業績がよい時はいいが、悪くなると小さなことに気をとられてイライラし、どうしたらよいか、分からなくなり自滅する」

「働く人間の心をクサらせる、ヤル気をなくさせる」

そして「〝真面目で努力家である〟これは最悪の条件である。こういう人は少なくとも人の上に立ってはいけない」

これは実に衝撃的な発言ですよね。私たちのこれまでのモノサシでは「真面目」で「努力家」は美徳と考えられてきたことでしたものね。とくに金融機関の人は大体がマジメでコツコツ努力型人間が多いのですから――。

酒井さんが言いたいことは「明るく考え、楽しく振舞い、人を幸せにできる人こそリーダーに」ということでしょうか。

次にAランクの条件をご紹介しましょう。

「経営とは人に尽きること、具体的な事例を引いて面白く話せる」

「仕事が忙しい時に、自分は余裕をもって遊びながら、次のことを考えている」

「部下を集めて、心の一体感を作るお祭り騒ぎができる」

「感情的な言葉では人は動かない、ことを知っていて、穏やかでやさしく、また乱暴だが親しみやすく、部下を指導できる」

「毎日を楽しく、面白く生きよう、と心がけている」

そしてAランクの中でも最高の3Aの条件は次の二つなのですね。

「お客がトコトン惚れて、親身になってやってくれる。この人が行くと、問題は必ず解決する」

もうひとつは――

「人を感化し、人生を緊張しながら楽しく送れるように、その人の力に応じて青天井を分けてやる。うまく行かなかった時にはその処断ができる」

酒井さんは、これこそ最高にすぐれたリーダーの条件とされておられます。

会社を分けて人を生かす　その記録は感動的だ

――酒井さんは「明るくない人は経営者には絶対なれない」と断言しておられますね。

山崎　「苦労すればするほど、私は明るくなった。どんどん明るくなった。それは意識してそうしたのである」とありますが、これはすごいですね。

私も支店長12年の中で辛い日々がありました。眠れぬ夜もありました。でも朝礼で全員の前に立つときは、意識して明るく振舞うように努めたことを思い出しました。でも、コレロでいうほど簡単なことではありませんよね。

「私が苦労するたびにクラくなっていたのでは、私の下にいる人たちがたまらない。私の上には誰もいない。私がトップなのだ。私が元気で明るくしていることが大切なのだ。元気のなさそうな奴の肩をたたいて『オイ　元気出せ！』と元気を吹き込んでやることが重要なのだ。明るくない人は経営者にはなれない」

体験からのお話だけに説得力がありますよね。酒井さんの会社はある大手電気メーカーの下請中小企業だったのです。親会社のいいなりでは面白くない。独立独歩の自主性ある会社にしたい。そこから酒井さんの戦いが始まるのですね。下請会社の自由と独立。そのためには〝会社を分けて人を生かす〟この道より他にないと思い定め、親会社にブチ当たる。「全面取引停止」の寸前までいく。

すばらしい気迫で一歩もひかぬ酒井さんの記録は感動的でさえあります。

読者のみなさまにも、ご一読をおすすめしたいですね。

特別インタビュー

業績管理システムの欠陥が支店長を収益至上主義に走らせる

支店長の仕事をトータルで評価するトップの眼が重要だ

――このところ銀行に対する批判が強くなっています。とくに「収益第一主義」と「支店長の倫理観」が問われているように思われますが……。

山崎　私は金融機関のリーダー研修の仕事で各地へ伺うのですが、昨年あたりから、どうも支店長に元気がない、という印象をうけました。支店長が元気でないと職員も元気が出ない。したがって、その金融機関自体も元気が出ない。

やはりS銀行をはじめいくつもの銀行の事件が大きく報道され、銀行に対する批判が厳しくなった影響も大きいと思います。特に「支店長の犯罪」という採り上げ方をされており、そのショックは大きいですね。

〝支店長の倫理観〟はいま、世に問われているのはもちろん、組織のエネルギーやパワーといった観点からも非常に大切なテーマとして受け止めるべきではないでしょうか。

もう一つ、支店長個人の倫理観とともに、銀行トップの倫理観も大きく問われているのではないか、むしろそちらこそが大問題なのではないか、とも思うのです。

表現は悪いけれど、日本の企業はいわばムラ社会ですから、トップの倫理・価値判断のモノサシの範囲内でしか支店長は行動できないんです。

今回の事件を考えてみると、まずトップの倫理観を問うのが、日本金融界の反省の第一歩だと感じるのですが、いかがでしょうか。

企業理念では、「お客さま第一主義」とか「顧客第一主義」が必ず掲げられるわけです。

それと同時に「収益第一主義」も存在している。確かに収益なくして企業は存立しないわけだし、この激しい競合の中で生き残っていけない。だから収益第一というのもよく分かるんです。

しかしそれが前面に出すぎて、建前として何とか残っている社会的使命が実際には死語になっています。本音だけがボンボン出てしまっている。

そして、収益ナンバーワンの某銀行は大変秀れた経営をしていると、ある時期において評価されてしまったのです。それを見て他の銀行経営者もやはり右へならえして、みんな似たようなことをやり始めた、というのが今回のシナリオの前段のような気がします。

それは、銀行のもつ大きな影響力に対する自覚が足りなかったということでしょう。

中堅中小企業は会社イコール社長だから、貸す時はまず社長の顔を見て判断しろと教えられてきましたが、今は不動産さえあれば社長の顔はどうでもよくなってしまいました。

これは大きな反省材料であって、やはり計量化はできない社長の人格や技術力といったものを原点に帰って見る勉強をこのあたりでしなければいけないですね。

現状の支店長評価の基準の中では、全体に支店長の役割、仕事が偏ってきている気がします。

いま私は支店長研修を中心にやっているのですが、そこで話をするんです。

支店長の仕事は何か――これは三つある。一つは、基盤拡大を含めて「収益」を上げること。次に、トータルな「内部管理」をしっかりやるということ。そしてもう一つは「人材育成」である、と言っています。

これは当たり前のことのようですが、これが支店長の業績だということを銀行トップが深く認識して、三つのトータルで支店長を評価しないといけないのです。

ところが今は、いくら利益を上げたかという点のみが、支店長評価の基準になってしまっている。銀行の将来にとっては「人材育成」が大切なことなのですが、先輩や同僚、そして後輩と、多くの支店長を見ていると明らかに部下を潰す支店長がいますね。

逆に、あの人の下に行くと、さすがにみんな伸びるという、人を育てる支店長もいますね。そうしたものを見抜くトップの眼力というか、洞察力がないと支店長は安心して人材を育てることはできません。

結果として、評価に直結する収益向上だけに行かざるを得ないのです。

支店長個人としては、それなりのモラルなり信条を持っていると思います。しかし組織の一員として、支店長職を果たすためにも、しかるべき収益を上げないと評価されないというジレンマに陥るのでしょうね。

個人的な信条はワキにおいといて、収益第一で進まなければ自分の地位も確保できない現実がそこにある。

そこに支店長の悩みがあるのですね。

企業として利益を上げることは当然だが、それはあくまで社会的に許される範囲内であるという歯止めが、つまり、これが良識というかモラルといえるものでしょう。それがなくなっているように思えますね。

つまり、正論がまったく引っ込んでしまった。

正論だけど、まあそうはいかないのが世の中だよ、まだお若いよ、書生論だよ、という論理が当たり前として通用している。

だから、言うべきことはちゃんと言える人が多くなくてはいけないんじゃないですか。

何十年か組織の中にいると、サラリーマンの弱さというか、組織の中でメシを食わせてくれる人に頭が上がらなくなります。ムラ社会ですからね。意気地がなくなってしまう。

20～30代の時はまだ理想に燃えていても、だんだん定年が見えてきて、第二の人生も上の人に握られていると思えば、本当は俺は違うんだ、と言える勇気がなくなってしまう。

そのジレンマというか己の葛藤が現実にあるから、今回の事件についてはひとごとだとは思えない面もあります。しかし、それは理解しながらも、なおかつ、もっと勇気を持ってほしいと思いましたね。

支店長の倫理観がいま問われている

――今回の金融不祥事では中堅行員が登場しました。行員の倫理観はどうなのでしょう。

山崎　私が少年時代から愛誦している人生詩集の中に『本気』という詩があります。

「本気ですれば
たいていな事はできる
本気ですれば
なんでも面白い
本気でしていると
たれかが助けてくれる
人間を幸福にするために
本気ではたらいている人は
みんな幸福で
みんなえらい」

この後半の部分、「人間を幸福にするために働く人」への励ましのことば「えらいぞ、幸せにね！」が感動的ですね。

われわれ金融機関の仕事というのは、地域社会の人々の幸せに貢献する素晴らしい仕事なんだ、と支店長自身が自覚し、自らの仕事にプライドをもつことが一番大切なことなんですね。

これが「支店長の倫理観」のベースになるのだと思います。

そして、このことを職員一人ひとりに具体的な事例を引いて分かってもらうことが大事なことです。

「大勢のお客さまからお預かりしている大切なお金が、この街の発展のために有効に使われています。まもなくオープンする駅前の地下商店街にも当店が資金協力しています」

「ガスや電気の公共料金の振替の仕事ひとつ採り上げてみても、集金の手間が省けることで、どれだけ多くの人たちの助けになっていることでしょうか」

などと、金融機関の存在意義、役割を分かってもらう。ここから仕事のヤリ甲斐、生き甲斐、そして責任感が生まれてくるのだ、と思います。

私も現役の頃、朝礼などでよく言いました。

「交通事故が起こったりすると、新聞には会社員○○、銀行員○○と書かれる。銀行だって株式会社なのに何でわざわざ銀行員と書かれるのか。みんな考えてよ」と言うわけです。

すると3日ぐらいたって若い連中が、「銀行員はちょっと一般の会社員とは違う存在だからではないか」と言う。

どこが違うのかと再び聞くと、

「大事なお金をお預かりしているのだから、やはり信用というのが基本にあって、同じことをやっていても銀行員なのにどうしてとか、銀行員ともあろうものが、と言われる。それだけ社会的にも信用がある、ステイタスが高い商売なのではないか。だから信頼を裏切ることのない行動が公私ともに必要である」

と答えるんです。

こうした意識が銀行を支えるモラルの基盤だと思うのです。

近ごろの職員は一般企業と同じ、ひとつの就職先として入行してきます。ですから、質問を投げかけて考えてもらう、一緒に考える、これも大切なことでしょう。

支店長の一挙手一投足を部下・取引先は見ている

――取引先の接待など行き過ぎはないものでしょうか、例えばゴルフなど……。

山崎　顧客との付き合いが仕事から離れた席でしかできない支店長は、地域を幸せにできないから、そちらでカバーをして業績を保とうとする。本当に顧客が喜ぶものは何か、それはやはりビジネスのフィールドにあるということを知らないんです。知っていても、実践する能力がない。

私はよく取引先と昼食をとりました。顧客同士をお引合せする〝ヒルメシ会〟は時間的にも、経費の面でも効率的ですし、顧客に大変喜ばれました。「ふだんなら会えない人を紹介してくれて、ありがとう。仕事の面でもお互い協力できそうだ」などと。

こういうものが銀行のサービスの本質だろうと思います。一杯飲む、ゴルフをやる、もいいけれど、呼ばれた方も仕方なくという人も多いですよ。

例えばゴルフですね。私はその方面での取引先との付き合いは、まったくと言っていいほどなかった。

もちろん一番の原因はヘタということですが（笑い）。話題にできるだけの知識は持っていたし、テレビも録画したりして見てもいました。

ところが、平気で平日ゴルフを取引先と楽しむ支店長も結構います。今のような厳しい金融環境の中で、部下の尻を叩いて数字を追わせながら、自分は避暑地でゴルフ――。

部下は全部知っているんですよね。今日、支店長は誰とどこへ行っているのかを。

支店長は違う、という意見もあるから、どっちが良いとは言いませんが、私の信条としては休みの日に楽しめばいいと思う。

それから夜の付き合いも、そろそろ考え方を変える時期に来ているのではないでしょうか。この忙しい時期に、取引先も夜の貴重な時間を接待したり、されたりするのに使うことを望んでいるのか、ということです。

また、接待で取引に影響を与える時代なのか、というあたりをもう一度、支店長が考えてもいいのではないかと思います。

本当に支店長は、一挙手一投足を見つめられていると思ったほうがいいですね。部下からも、取引先からも。

"自立型の複合人間"銀行員もそれを目指せ

支店長稼業の"すばらしさ"と"おそろしさ"なんですかね。

山崎　銀行員の、特に支店長の名刺というのは本当に強力ですね。地元をはじめ、いろんな方にお会いできる。しかし、だからこそ自分自身を律していないと錯覚を起こしてしまう危険性も高いですね。

現職の時は「やあ。T銀行の山崎支店長」と言って会って下さった方も、退職後に電話をかけて「山崎です」と言っても、「山崎さん？　知らないな」と――。「T銀行の支店長をやっていた……」、「あ、そんな人もいましたね」とこれが普通なんですよ。

私は幸いなことに、３店舗目の支店長になったころ、２冊の本に出会い、教えられました。

一つは扇谷正造さんの本で〝名刺で仕事をしてはいけない〟という内容でした。もう一つは脇田保さんの「君から会社をとったら何が残るか」という本です。

会社一辺倒、仕事一点ばりのマジメ人間ではダメ、会社を離れても通用する能力を持て。人生を積極的に設計できる自立型の複合人間を目標にせよ――。たいへん刺激をうけ、若い人たちにもすすめました。

だから、現職の時から肩書を外しても付き合って下さる友人や顧客を増やす努力をしたらよいと思いますね。

嬉しいことに、退職して６年にもなりますが、銀行時代のお客さまから年賀状をいただいています。

「なつかしいですね、いちど会いたいですね」といつも書いて下さるＰ工業の副社長のＨさん。この正月すぎに席を設けて下さった。「８年ぶりですね」楽しいひとときでした。

このお正月は楽しいことがいくつも続きましたね。Ｉ支店長のときのＡ代理が同期のトップを切って支店長に昇格、早速電話でお祝いをし、この本が完成したら贈る約束もしました。〝支店長冥利〟とはこんなことをいうのでしょうか。いま支店長は金融激変、そして不祥事の状況下で自信を失っているようにも思えます。

どうか、自分を磨いて地域のため、お客さまのため、そして何よりも自分のために〝明るく大きく考えて〟頑張って下さい。

〈私は　こんなリーダーになりたい〉
いつも明るく考える
熱意を持っている
部下に全力を出すように促す
長所を見つけるのがうまい
そこを惜しみなく褒める
部下が一緒に仕事をしたいと言う
面白い人、楽しい人と言われる
だけど仕事の面では厳しい
だから部下の人気がある
良いお手本を示す
誰よりもよく働く
部下の話をよく聞いてあげる
部下の秘密を守る
謙虚で目立とうとしない
「わたし」といわず「われわれ」という
「やればできる」と信じている
事故が起こった時　部下を責めないで　自分の指導が足りなかったと反省する
人のせいにしないで解決案をだす
どうすれば仕事がうまくいくか　いつも考えている
親切である
公平である
勇気がある
私は　こんなリーダーになりたい

リーダーの行動指針

〈ヤル気を起こさせるリーダー10カ条〉

一、「お客さま第一」これが商売繁盛の秘訣である
二、部下を「大切なお客さま」と考えよ
三、その「お客さま」が欲しいものを知っているか
四、人間だれでも一番大切なものは自分だ「認められたい」この欲求を満たせ
五、ヒーロー・インタビューでお立台に立たせよ「スター誕生」
六、長所発見能力を発揮せよ　ほめて　ほめて　そして　叱れ
七、「マイナス言葉」はやめて「プラス言葉」を使ってみよう
八、柔軟に考えワンパターンになるな　面白く工夫して全員に参加させよ
九、人にはいろいろな個性がある　相手に応じて話をしよう　よい聴き手になろう
十、リーダーには心と体のゆとりが大切　大きなアクビをしてみよう　ニッコリ笑ってみよう「笑う門には福来たる」リーダーには笑顔が大切

第2章●

支店長の人づくり

――〝明るく大きく逞しく〟育てる――

第2章●支店長の人づくり

支店長格差の時代がやって来た

トップの危機意識と幹部職員との間にはズレがある

――山崎さんが金融機関の研修の仕事を始められてから、ほぼ5年になります。この間、いろいろな環境変化が金融機関の経営に影響を与えていますが、いま、どんな問題に一番関心を引かれていますか。

山崎　『これが支店長だ』に続いてまとめた『実戦・支店長』の〝まえがき〟に「この3年が勝負」と書きましたが、各地の金融機関のトップの方にお会いしてみると、実際には3年どころか、今年が、この1年が勝負だという切迫感をもっておられる方が多いですね。

「本当に意識革命をしていかなければ、うちは生き残っていけない」とおっしゃる。総じて経営陣の危機意識は非常に強い。

ところが、問題は役職員、とくに幹部職員とトップとの意識のズレが一部の金融機関に見られることでしょうね。

預貸金利ザヤという本業では食っていけなくなった。これからはどこで勝負するか、〝収益の源泉はどこに〟が重要な課題としてクローズアップされてきたのに、戦略・戦術の面から見ると、いまだよく理解されていない、ということでしょうか。

私の場合は、役員の方々を含めた支店長研修が多いんですけれど、そういうことを分かっているトップと、そうでないところとでは銀行の業績、収益というものにすでに大きな差が出ているようですね。

〝顧客第一〟と強調するけれど、どうしたらお客さまを儲けさせてあげられるか。そのためにはトップとして、支店長としてどんな能力を発揮すればいいのか。本当に〝お客さま第一〟という認識を持っているかどうかが問題でしょう。

これからは〝金融機関生き残りの時代〟などと言われていますが、それを決めるのは何でしょうか。

私は〝ヒトと情報〟つまり〝情報力と人材の格差〟ではないか、と考えています。金融機関の最大の資産は人材なのですから。より具体的にいえば〝支店長格差〟これが大きいですね。

支店長の研修に真剣なところが生き残っていく

――人材格差が問題になると、研修のあり方自体も問われてくるでしょうね。

山崎 そうでしょうね。研修について言うと、一番大事であるべき支店長の研修がおざなりになっていて、新入職員の研修は一所懸命やっているのが一般的じゃないでしょうか。

しかし、研修はトップからやるのがスジです。支店長が変われば、みんな変わる。これが私の考え方の基本ですが、この誰が考えても分かると思うことでも、意外に認識されていないところがありますね。

支店長というのはオールマイテイのでき上った人たち。いまさら研修なんて……。支店長としての勉強は自発的にやるべきだ――と。

確かに自己啓発は研修の基本ではあるけれど、一般教養的な勉強だけでは、この厳しい時代にとても対応しきれない、生き残っていけないいんじゃないでしょうか。

いかに職員一人ひとりにヤル気を起こさせるか、燃える集団にしていけるか。

どうすれば事故を未然に防止することができるか。

また、ますます困難になりつつある融資開拓ができる精鋭を育て、収益を上げていくか——

そういうリーダーシップの他、もろもろの具体的な戦略あるいは戦術についても、支店長は学ばなければならないときに来ているのではないでしょうか。

それも、集合研修の場合はプロのレクチャーを受けることの他に、支店長同士がグループごとにミーティングをやりながら情報交換をする。

その中から貴重なノウハウを身につけていく中身のある研修が求められている時代になっているのですね。

そういうことに早く気がついて、それに真剣に取り組んで、支店長を鍛え上げていった金融機関が生き残って、そうでないところはだんだん落ちていくということでしょうね。

取引先をよく訪問しアドバイスできる能力が求められる

——支店長がとくに関心を向けるべき勉強テーマとは何でしょう。

山崎　いま取引先の金融機関に対するニーズは、安い金利でカネを貸してくれることよりも、自社の利益に直結する情報を速やかに提供してほしいということでしょう。

それに対して支店長はどんな対応をしているのでしょうか。

結局「この会社はどうしたら儲かるか」を取引

先の社長になったつもりで考える。そして、いろいろとアドバイス、提案して取引先のハートをつかんでいくというコンサルタント能力が求められているのです。

かつてベストセラーになった『エクセレント・カンパニー』にも、企業のトップは現場を多く回れ、歩き回れということが第一にあげられていますが、同じことが金融機関のトップ、支店長にも言えると思います。

お客さまのところをよく回り、取引先の悩みをよく把握して、アドバイスに結びつけていく能力が支店長に必要でしょうね。

全国ベースでみますと、業態のいかんを問わず、小粒でも高収益をあげて、これから楽しみという金融機関がいくつもありますね。

また、秀れたリーダーシップで優績店を創っている頼もしい支店長からお便りをいただくことがあります。うれしいものですね。

誰のお蔭ぞ

今日たべる米
誰がつくったか

いま着ているもの
誰が縫ったか

いま住む家
誰がたてたか

かく思うこの身は
誰が育ててくれたのか

（詩集『権威』より）

金融機関格差の源は支店長格差

全国各地の支店長の報告を聞いてみると……

——金融機関のリーダー研修で全国を回られて、どんな点が特に印象に残っていますか。

山崎　どちらへ参りましても金融環境大激変で〝仕事のやりにくさ〟〝競合の厳しさ〟を耳にしますね。しかし、金融の自由化はまだまだこれからです。金利自由化の本番はすぐそこまで来ていますが、業務の自由化、制度改革はこれからです。これからが文字どおり、食うか食われるかの〝生き残り〟を賭けた戦いが始まるでしょう。

比較的競合が緩いにもかかわらず「この地区は特別。金利面でもこんなにダンピング」と特殊性を強調される支店長が多いですね。

確かに金融環境は様変わり。リーダーはそれをどう受けとめるかが大切なのですね。マイナスと考えるか、おもしろいと考えてチャレンジするか。

それで思い出すのが、4年前、続けて参りました北海道なんです。道内から集まった支店長に各人3分ずつ地区の現況、問題点などを話してもらいました。室蘭支店長は新日鉄の高炉の火が消える。これからは人減らしが始まり、商店街も活気がない。函館支店長は、うちは函館ドックで持っていた街だが、いまや閉鎖寸前だと。続いて根室や稚内支店長は、北洋漁業の減船で先行きの不安を訴える。夕張や砂川支店長は炭鉱の閉山による失業者が。加えて新会社へ移れなかった旧国鉄の退職者が——。

札幌だけはさすがに中心部に活気があるものの、雇用の吸収力は強くない。

そういう報告を聞いていると北海道の深刻さは、ちょっと他地区とはちがう、という感じですね。また私自身、各地を歩いてみましたが、実態は厳しいものでした。

九州の支店長研修では——。長崎支店長は石炭がダメ、造船は構造不況、ちょっぴり明るい話題として〝長崎オランダ村〟の報告を。九州各県は半導体工場を誘致、シリコンアイランドといわれて活況を呈していた。それが、一転して苦しい状況に——。

各支店長の報告を聞きながら報告内容、語る表情、そして業績に、はっきりと相関関係があるのに気がつきました。

マイナス面のみを強調する人。プラス面を発掘、開拓して営業推進に結びつける、と力強く語る人。この前向きの姿勢が、この業績を生み出しているのだ、と実感しますね。

リーダーたる支店長のマインドが業績を左右する

——興味あるお話ですね。これは山崎さんのスローガン「明るく大きく考えよう」につながりますね。

山崎　いささか我田引水のようで、気がひけますが（笑）。

やはりリーダーたる支店長のマインド（心の働き）が業績を左右するようですね。

支店長研修の事前レポートとして「貴店のスト

ロングポイント」および「ウィークポイントとその解決策」を提出してもらっているんです。あとで聞いてみると「ウィークポイントはスラスラ書けたが、当店の長所はと問われると、ウーンと考えこんでしまいました」と言われる支店長が多いのですね。

以前、リーダーは長所発見能力を、とお話ししたが、これはヒトに対してだけでなく、自店に対しても同じですね。

企業の経営者は
金融機関選びを真剣にやっている

——金融機関格差は人材格差、人材格差は支店長格差と、これはまた厳しいご指摘ですね。

山崎　年ごとに厳しくなっていく中で、ジリジリとシェアを上げていく第二地銀、信金がありますね。

一回り大きい銀行の地盤にくい込んで着実に伸びている。どうしてかな、と調べてみると、支店長のレベルが高い。粒が揃っている。戦略・戦術の面でも他行に先手先手をとっている。〝燃える集団づくり〟がうまい支店長が多いのですね。

一方、下降気味の金融機関には支店長レベルのバラツキが見られるようですね。たいへん秀れた支店長がいるかと思うと、その器でない人が任命されていたりする。支店長の器というのは、そう一朝一夕にはでき上らないように思います。次長までのポストと支店長ポストは、役割もちがえば、責任も10倍ちがうと思います。

先日、中国地方の経営者の研修会にお招きいただいたとき、会食後の二次会で「社長さんのお取引は」とうかがいますと「○○信金」「○○第二地銀」と返ってきました。

「なぜですか」と取引動機をうかがうと「あそこは支店長が二代続けて頼りになる人がやっている」という話。中には「まったく支店長しだいだね」「支店長が代ったとたんに、職員がイキイキしてきたり、しょぼくれたりしてくるからなあ」「窓口だってずいぶん変わってくるもんだね」など、ふだん聞けない話になってきました。

それにしても、酔いがさめる思いがしたのは、こんなザックバランな会話でしたよ。

「センセイの経歴をみると、まえ支店長やってたんだねえ」

「銀行がオレたちにカネ貸すときは、社長の個人保証っていうだろう。あのハンコ押したら最後だよ。会社潰したら住んでる家も取り上げられて、女房子供と一緒に路頭に迷うんだよ」

「だから、どこの金融機関を選ぶかっていうの真剣よ。仲間うちでは、しょっちゅう支店長の品定めやってるのよ」

「あの支店長は面倒見がいいとか、この支店長は逃げ足が早いとか。ほら、昔から言うじゃないか〝医者選びも寿命のうち〟って——」

自由

かぎりなく清くなれ
かぎりなく高くなれ
かぎりなく暖くなれ
かぎりなく深くなれ
かぎりなく大きくなれ
かぎりなく美しくなれ
制限するな
遠慮《えんりょ》するな
天までのびよ

（詩集『権威』より）

営業店は〝人間修行〟の場だ

支店長も
2ヵ店目、3ヵ店目では仕事がちがう

――最近は都銀さんにも30代の若い支店長が誕生していますが、支店長と一口に言っても1カ店目と2カ店目、そして3カ店目では内容と言うか、支店運営のやり方は自ずと異なってくるんでしょうね。

山崎　そうですね。むしろ、違ってこなくちゃいけないのではないでしょうか。

最初の支店長というのは、やはり全般の管理です。ほどほどに支店長職をマスターするという意味で、人事管理の面とか、事務管理の面とか、本部の目標数字を達成するためのいろいろなノウハウを習得するわけです。行員の数も、15人から30人ぐらいですから、初めての支店としては手ごろじゃないでしょうか。

そして3カ店目ぐらいになると人員も40人、60人と規模が大きくなりますので、最初の支店のときのように「オレに付いてこい」という鬼部隊長ではいかなくなります。

もちろん、支店長候補という人材が配置されているでしょう。そういう人たちを通じて〝組織を動かしていく〟ということが支店長としての役割になってくる。

ですから、次長あるいは課長といった人たちの指導、研修を通じてヤル気を起こさせる。つまり、役席者を動かしながら支店を運営するというように、支店長の仕事もだんだん変わってくるでしょうね。

少人数の支店ならともかく、ある程度の人員になってくると一般行員はもちろん支店長を見てはいるけれども、実際の動き方というのは直接の上司しだいということになります。

直属の上司にほめられたり叱られたりしながら、うれしがったりガックリしたりするんですから、いつも意識しているのは直接の上司の方なんですよ。

それは課長であるかも知れないし、副長あるいは支店長代理かも知れませんが、影響力としては一番大きいわけです。

ですから、部下を3人、5人、10人と持っている役席という名の管理者に支店の方針や支店長としての考え方を徹底してたたき込む。支店長の意を体して具体的に指導してもらわなくてはいけません。その意味で、管理者の指導が最も大切なのです。

支店長にとって一番頼りになるのは次長である

——その管理者の中では、やはり次長の存在が大きくクローズアップされてくるんでしょうね。

山崎　そうですね。支店長が一番頼りとするのは、また信頼すべきは次長です。次長が支店長の考え方をよく理解し、それを具体的な施策としていかに部下に伝えるか。

支店長と次長の間に〝阿吽《あうん》の呼吸〟が生まれてくると、支店は5倍、10倍の力を発揮するんじゃないでしょうか。

逆に、支店長と次長のウマが合わないことが稀にありますね。

そのあたりのことというのは、部下は微妙に感じとっているものです。表面的に言葉だけをうまく合わせていても、ウマくいっていない場合はすぐ見抜かれてしまう。

人材〝育成〟は本人の意欲が何よりも大切だ

――そうした支店長の次長、課長への指導というのは、たとえば次代の支店長を育てるための英才教育でもあると思いますが、支店長になる人はどこがちがうんでしょうか。

山崎　一言で言うと、リーダーシップがあるかないかでしょうね。
人の上に立てる人と、そうではない人、あるいはラインの長にふさわしい人とスタッフとして女房役に適切な人とは、ある年齢ではっきりしてくるもののようです。

ただ、支店長になれるかなれないかを決める大事な要素というのは、あくまでも〝本人の意欲〟なんです。

「自分はリーダーになりたい、なってみせるぞ」という意欲が一番重要じゃないでしょうか。

よく人材育成と言いますが、植物じゃあるまいし、水をやったり陽を当てたりして育てるものとは基本的に違います。人間には、やはり意思、意欲というものがあります。

育成という言葉は、どうも適切じゃない。ひ弱な感じがします。

むしろ、本人のバイタリティ、〝なってみせるぞ〟という意欲が、自然に目的意識となっていくんです。

支店長になってやるぞ、という人は、それなりに勉強しているものです。本も読むし、人の話も聞く、いわゆる自己啓発ですね、これをやります。ですから、本人の意欲が何ものにも勝るわけです。

　育成という受け身の姿勢でいられて、本人にヤル気がなければ育てようがありませんね。

　もっとも、ヤル気と言ってもギラギラした出世欲みたいなものだけではダメです。

　支店長職に求められる資質は任務達成への責任感、チャレンジ精神の他に、誠実、公平、愛情、共感性といった人柄も大切な要素になります。

「支店長に期待するものは」というお客さまアンケート調査（ニッキン）によれば、誠実、明朗は当然のこととして、見識、包容力、人間的魅力がトップに出ていますね。

　見識とか人間的魅力などは、一朝一夕にでき上るものではありません。

　ポスト、年齢にかかわりなく、〝人間修行〟を続けなくてはいけませんね。

大　根

大根を掘って
洗って
純白な肌を
しみじみと眺《なが》める
黒土の中から
どうしてこれほど真白いものが
生まれて来るのだろう
にんじんを掘ると
赤い
ふしぎな気がして
あたまが　さがる

（詩集『権威』より）

第2章●支店長の人づくり

次長以下を動かす支店長の魅力

酒を飲みながら自分の人生観を次長にぶつける

――支店のナンバー2である次長と支店長は、どういった関係が望ましいんでしょう。

山崎　支店長の仕事を大別すると、「収益」「内部管理」「人材育成」の三つが挙げられるでしょう。しかし近年、金融自由化の流れにBIS規制が加わって「収益」が支店長評価のモノサシとしてますます重要視されてきたために、あとの二つが現場で軽くなっているように思います。

近ごろ、金融機関の基盤である社会的信用を大きく損うような事件が次々に発生したのは、「ヒト」への目くばり、気くばり、それに内部システムの点検が足りないせいでしょうか。

「内部管理」の面からは、次長・副支店長の役割が大きいように思いますが、ナンバー2の動かし方、これも支店長のウデ次第ということでしょうね。

着任した時に、「私はこういうふうに支店を運営していきたいんだ」と、ナンバー2によく理解してもらうことは、本当に大切ですね。そうすることで、次長が具体策をいろいろ考える。次長の役割はそこにあるのではないでしょうか。

酒を飲みながら、「私はこんなことを考えているのだけれど、どう思う」と自分の人生観をぶつけていく。つまり、現場で一番支店長のことを知っているのは次長でなければいけないということです。また、支店長は次長のことをよく理解することが大事ですね。支店長と次長の間がうまくいっていると、職員は安心して、のびのびと仕事ができます。だから、日本的な〝先輩を立てる〟ために前任支店長の路線を、などと言っては交替の意味がない。先輩支店長の功績を称えながら、自分なりの新しいものを採り入れていかなければいけないんですよ。

私は新しい店に赴任すると、次長にこんなことを言いました。「私はこうしたい、と思うことはハッキリ言う。言葉に裏はないつもりだから、そのまま受けとってもらって構わないよ。だから、私には気を遣わないでほしい。欠点も多い人間だから短所はどうか補ってほしい。いささかの長所があれば、君が支店長になる時の参考にして下さい。まあ、お互いに信頼し合っていこうよ」と。

こうしたことをざっくばらんに話して信頼関係を作っていけば、その次長が支店長になった時に、また風通しの良い職場が作られていくのだろうと思います。

顧客に8割、内部に2割の気遣いを言明せよ

――内部に気を遣いすぎる部下もいますよね。

山崎　私は職員に、よくこう言っていました。「支店長に気は遣うな。その代わりにお客さまに気を遣ってくれ。具体的に言うと、顧客に8割、内部に2割ぐらいで考えよ。ここは組織であり、サラリーマン社会なのだから、外に全部で内には一切気を遣わないというのでは、チームワーク上よくない。だけど内に8割、外に2割では商売は成り立たない。不振店舗の共通点はこれなんだ」

とにかく内部、特に上司に対して過剰に気を遣

うなと、それが支店長の方針であり、経営感覚であることを明確にしておきます。

一杯飲みたくなる魅力のある上司にならねば

——最近若い職員は上司と酒を飲まなくなったとよく耳にしますが……。

山崎　やはり、5時からあとも、一杯飲みたくなるような魅力ある支店長——言うは易し行うは難しですが——にならなければね。

私は職場を離れて一杯やるときは、上下の関係はヌキにする、仕事の話はしない、聞き役に回る、と決めていました。だから結構つき合ってもらえたのかなとウヌボレていたのです。

「支店長、昼間はキツイことを言われるけど、お酒が入ると面白いですね」なんていわれ喜んだりして——。ところが、昔の連中と一杯やったら「いまだからホントのことをいいますが、支店長、結構仕事の話やってましたよ」ですって。これには参りました（笑い）。

それと、「最近、どんな本を読んだ」と聞くことは、若い人にとって良い刺激になりますね。

以前、新入職員にそう聞いたら「それどころじゃありません、通達を読むのに手一杯です」と言う。2年ぐらい経って、また聞くと「くたびれて帰って寝るだけです」と答えました。

たしかにその通りかもしれないが、「それでも本を読め」と言えなければいけない。この本は面白かったと紹介してもいいし、部下が読んだ本を借りて語り合ってもいいと思う。

本や雑誌も専門分野だけでなく、幅広く目を通しておくことを若い人たちにすすめたいですね。

「人材育成」というのは、単に数字を上げる部下を作ることではないことを、いま一度考えなければいけませんね。もちろん、そのためには支店長自身が職員以上に本を読み、勉強しなくてはね。

天下の大道を行く。花もさく。鳥もなく。泉もきっとわいてくる。

信用は無形の資本。善用すれば、高利がついて、ぐんぐん殖える。

いちばん困っているとき、困っている点を助ける。これが真の協力。

話は枝葉にそらさず、簡明に、中心から中心へと運んでゆく。

良い本を読み、良い人と交わり、良い事を考え、良い事をしよう。

一日の早いこと。一年の早いこと。人間一生も走ってゆく。

新しい時代に新しい知恵、新しい年には新しい抱負がいる。

人を喜ばせながら、自分も幸せになれる賢明な生き方がある。

世の中は、明かるいか暗いか、胸をはり、上を向いて歩けばわかる。

山には山、谷には谷、人の世には、人の世の花が美しく咲く。

（後藤静香『一言集』より）

支店長の本音が部下に響いて成果を呼び込む

上に伸びられないときは下に根を張ることだ

——前回の「管理者教育」の続きになるんですが、支店長や次長とウマが合わないこともあるんじゃないかと思います。その逆もあるでしょうが、そういう時はどうすべきなんでしょう。

山崎　支店長の在任期間は2年半から3年半くらいでしょうから、どんなにウマの合わない支店長だって、一緒に転勤して来たのでなければ1年半かそこいらを我慢すればいいという考え方もあるでしょうね。

しかし、かりに支店長とウマが合わないからと言って、仕事を投げやりにするようなことがあると、その管理者にとって明らかにマイナスです。たとえ1年半であっても、投げやりな態度は感心できません。

それでは一体どうすればいいのか、ということになってくるわけですが、私はこう言っているんです。「上になかなか伸びられないときは、下に根を張ることだ」と。

要するに、どういう状況にあっても自分でできる部分があるんです。地道に勉強することはできるんですから、人のせいにしないという精神が大事ではないでしょうか。誰が損をすると言って、結局自分が損をするんですからね。

私にも経験があります。ある支店の支店長代理のときでしたが、いま考えると若気のいたりとでも申しましょうか。しかし、そのときは逆恨みして「この支店長の下では……」と思ったりもしましたが、先輩から言われた一言が実にショックでした。

「キミは銀行をやめて何かできるのかい」。その際に「松の木」という詩を示されました。この詩がまた示唆的でしたね。

左につかえると右へ
右につかえると左へ
一分でも一厘でも
伸びられるとき
伸びられる方向に伸びておく
木の根は賢い
大きな岩を真っ二つに割って
天にせまるまで
伸びきった松の木
えらい力だな
お前には感心する

こういう詩です。そのときの私には非常に共鳴するところがあった。そうだ、上につかえたときは下に根を張るんだな。勉強しよう、と。

支店長というのは、タイプのちがう人が交替になることが多い。じっと下に根を張っていれば、新しい支店長の下では、今度はその根の張ったものを上に伸ばしたり、生かしていけるわけですね。

決して、人のせいにしてはいけない。黙って勉強することです。

若い行員には損得でモノを考えろと言ってきた

――管理者と部下がウマが合うか合わないか、という問題はある程度避けられないことかもしれませんが、それとは別に、部下の方からみて、得な支店長とそうでない支店長ということもあるんじゃないでしょうか。

山崎　部下はよく見ていますね。支店長が転勤してくると、今度の支店長は自分にとって得か損かなどと見ている。それは当然のことでしょう。

私の場合、職員にもざっくばらんに損得でモノを考えろと言ってきました。銀行のためとか、支店のためということよりも、自分の損得で考えなさい、と。ちょっと誤解を受けやすい言葉ですが……。

「自分のためにも仕事の主人公になりなさい。プロになりなさい。ウデを磨くのだよ。私はいずれ、この支店から出て行く。あなた方はこれから消えて行く。だけれども、あなた方はこれから10年、20年と将来があるじゃないか。その中で、預金をとるなら自分はこの銀行で一番だとか、融資についてはベテランだとか、事務のことなら任せて下さい、というように銀行で一番、あるいはグループで一番の能力を持っていれば得だ。その能力は誰も奪うことのできないものだ。それは、あなた固有の能力なんだ」と。

結果的にはそれが支店のため銀行のためになる

――損得という言い方は、その中身、解説と言いますか、その辺を明らかにしておかないと、使い方は難しいですね。

山崎　その通りです。ただ自分のためと言っても、プロとしての能力をどんどん伸ばしていくことは、結果的には支店のためにもなるし、銀行のためにもなるんです。

若い行員には、やはり本音で迫った方が響くものがあるし、その方が彼らも行動しやすいということです。

ますます激しくなる金融機関同士の競合、職員間の競争、また人生80年時代、銀行を離れてからの長い人生を展望すると、何かプロとしての一芸をもっていないと困るでしょう。

「明るく大きく考えよう」が私のスローガンですから、この損得も「明るく大きな損得で考えよう」と、言っているのです。

目先の昇進昇格やボーナスの多少よりも、銀行員として、また人間として自分を磨いた方が得をするといった大きなモノサシをもちましょう、と言うわけです。

そのためには、自分自身の勉強が一番だが、他人様《ヒトサマ》から学ぶことも大切です。

大きく変わるこれからの世の中で、どんな能力が求められてくるのか。謙虚に、素直に、自分を、他人を、世の中を、しっかりと見つめ、感じ取り、その日のために備えて勉強する人、こんな人が損をしない人なのでしょうね。

なでしこ

なでしこの花ざかり
大きい花がある
小さい花がある
色の濃《こ》いのがある
うすいのがある
花びらのきずついたのがある
だいじな心《しん》のとれたのもある
しかし、みんなあるがままに
咲けるだけ咲いている
無理のないところに美が生きる

（詩集『権威』より）

第2章●支店長の人づくり

潜在能力を引き出し伸ばしてやる

指導者は3本の指で部下を導く

――金融機関の間の格差は人材格差だ、とズバリ言われましたね。いまや人材育成が最大のテーマになってきました。

山崎　その通りですね。とくに支店においては支店長、次長の〝指導力〟というか〝教育力〟が問われています。

〝指導〟とは〝指で導く〟と書きますが「指導者は3本の指で導く」と私の人生の恩師、後藤静香先生は教えて下さいました。

最初の指は「正しい方向を示す指」。リーダーの一番大切なことは、進むべき方向をはっきりと指し示すことでしょう。

第二の指は「自立を助ける添える指」。部下に仕事を任せて、やらせてみる。危ない時だけ、ちょっと手を添えて助ける。

第三の指は「温かい指」。ふだんは明るく楽しそうにしていても、私ども一人ひとりは公私ともにいろいろと悩み多き人間なのですね。リーダーは仕事面は当然として、私的な面でもよき相談役になる。そして「何か役に立つことはないか」と温かい手を差しのべたいものですね。

〝指導者の3本の指〟この話はいまから20年も前に伺ったのですが、支店長時代、ときに思い出してはは自分の反省ポイントにしていました。

もうひとつ思うことは教育とか指導というか、これは知識を押しつけることではなく、むしろ〝一人ひとりの中に眠っている潜在能力を引き出すこと、伸ばすこと〟ではないか、ということですね。

この人の秀《すぐ》れたところはどこだろう。その長所を発見して惜しみなく賞める。どんどん伸びますね。

欠点を直してもらうより、長所を伸ばしてもらう方が本人もラクだし、効果が大きいですね。〝ないものねだり〟はしないことです。

伸びる人の共通点は向上心が強いこと

――ところで、山崎さんは現役支店長時代〝ヤマザキ学校〟などと呼ばれ〝人育て〟には定評がありましたね。現に、当時役席だった方々が、いま第一線の支店長として各地でバリバリ活躍しておられますね。

山崎　ほんとに、これは何よりも嬉しいことですね。しかし、〝育てた〟などとはおこがましい限りです。もともと良い素質をもっていた人たちが、所を得て、それまでに培った実力を伸び伸びと発揮しているということでしょう。

一緒に苦楽をともにした期間は1年だったり、せいぜい2年ちょっとくらいでしょうか。

その間、いささかお役に立ったことがあるとすれば「本人が気づかない長所を発見し、惜しみなく賞め、自信を持ってもらった」ことぐらいでしょうか。

K支店次長のO氏などもその一人でしょう。マジメで手堅い仕事をするが、人にも自分にも厳しすぎる。名次長ではあるが、そこまで、と自他ともに認めていた人。

「明るく大きく考えよう」のスローガンにショックを受けたようでした。

やがて言葉や態度がプラス傾向に変っていきました。10年来の不振店を一転して優績店とした貴重な体験が自信につながり、思わぬ支店長ポストを得ることになりました。

N店、J店で連続表彰を受け、喜びの電話を嬉しく聞いたものです。

スローテンポの昇格でT店次長として着任したN氏の場合、地味だけども営業能力に秀れ、人柄もよい。ちょっとした事務上のミスから暴力団につけこまれそうになったときの適切な対応は見事でした。

次長としての責任感と十分なリーダーシップに最高点を付けたら、本部から呼出しがあり「評価が甘すぎる」とのこと。こちらは自信がありますから「しばらく眺めてて下さい」と帰ってきた。

その後、急ピッチで支店長になり、初めてのY店、次のH店でも連続表彰店、ついで業務推進部で支店指導に当り、Y県母店長としてがんばっていました。

都心の大店舗、S店次長だったE氏は同期トップの存在。本書発刊のころにはベテラン支店長と呼ばれているだろうと思います。この人もヨコハマI店立て直し7人の侍の一人。ファイトマン。

ここに挙げたO氏、N氏、E氏に限らず、伸びる人の共通点は向上心が強いことですね。意欲がある。それに他人様《ヒトサマ》に学ぶ、という謙虚さがあることでしょうか。

部下に対するとき、厳しさと同時に優しさも併せもっているところも共通点ですね。仕事もできるが人柄もいいのですね。

だから敬老精神？ を発揮して「かつての支店長」を励ましてやろうと集まってくれたりする温かさがあるんですね。うれしいですよね。

指導の限界――それを言ってはおしまい

――指導の限界というものを感じられたことはありませんか。素質的にとか、入行以前の問題とか……。

山崎　正直に言えば、たまにそう思うこともありました。でも〝寅さん〟じゃありませんが「それをいっちゃおしまいよ」（笑）

支店長の仕事というのは与えられたヒト、モノ、カネ、それに情報をどううまく組合せて最大限の結果を得るかということでしょう。あいつもダメ、こいつもダメでは、自らがダメ支店長といってるようなものですよ。

リーダーである支店長にとって一番大切な能力とは「部下の長所を発見する能力」それに加えて「そこを惜しみなく賞めて自信をもたせ、さらに長所を引き出し伸ばす能力」。これさえあれば、黙ってたってみんなついてきてくれますよ。

世の中

世の中は明るい
暗いと思うか
心窓《しんそう》をひらけ
世の中は美しい
きたないと思うか
心眼をきよめよ
世の中はひろい
せまいと思うか
心壁《しんぺき》をくだけ

（詩集『権威』より）

第2章●支店長の人づくり

中間管理者、若手職員へのメッセージ

役割を自覚し厳しく温かい指導を

あるベテラン支店長は、新任店へ着任すると、役席者を集め、こんな話をする。

「当店を、優績店に、また働きがいのある店にしようと、私は張り切って参りました。もちろん、これは、支店のみなさん、一人ひとりのご協力がなくては、できるものではありません。しかし、優績店へのカギは、役席者といわれる、われわれが握っているのです。

私どもが、その気になれば、必ず優績店になることができます。私は〈その気になれば〉と申しましたが、本当に〈心に深く決するところあれば必ずできる〉のです。

さて、役席者のみなさんに望みたいことを、いくつかお話したいと思います。

I〈役席者としての自分の役割はなにか〉をしっかり、つかんで下さい。

①自分の担当係の目標をはっきり明示できますか。また、その具体策は。

②担当係内のチームワークに自信がありますか。

③全員を目標に向けて、引っ張っていくバイタリティがあるといえますか。

Ⅱ　みなさんは、当店経営の一翼を担っておられるわけですから、部門チーフであると同時に店全体の視野に立ち、当店業績向上のために、大いに提言して下さい。

Ⅲ　役席者のチームワークに心くばりをして下さい。店の目標はひとつですから、主張すべきものは大いに主張する。しかし、協議の結果、決まったものには従う。カゲでブツブツ言わない――というフェアプレーでいきましょう。

Ⅳ　部下をもつ者には、リーダーシップが要求されます。

リーダーシップとは〈目標に向かって部下に積極的な行動を起こさせること〉と、説明する人がいます。それには、まず率先垂範、自ら〝行動する人〟になって下さい。私どもの行動、一挙手一投足は、部下の人たちに見つめられ、マネされているのです。〝ことば〟よりも〝行いを見て〟人は動きます。

Ⅴ　仕事の面では、厳しく指導して下さい。しかし、仕事上の悩みや、個人的な相談には、暖かく接して上げて下さい。

また、仕事は厳しくといっても〝よくやった〟ときには、ほめて上げて下さい。

人は誰でも〝認められたい〟と望んでいます。夫は妻に、妻は夫に、子供は親に、先生に認められたいのです。同じように、職員も上司から認められたいのです。

これだけ〝認められたい欲求〟が強いのですから、逆に〝認められなかった〟ときの失望が大きいのです。ヤル気を失って、事故につながったりするのも、そういう時です。

以上、申し上げたことを、心に留めておいて下さい。期末には、みんなで祝杯を挙げようではありませんか」

「熱意こそ人を動かす」
本気でやろう!

銀行員30年、支店長12年と、どこかで、ごあいさつしたら、この原稿依頼が舞いこんできた。

後輩諸君! と一席やってみたい気持ちはヤマヤマなれど、なにせ、われわれをとりまく環境は激変の時代、まっこと、「金融革命」の名にふさわしい大変化の時代である。

こんなとき、高度成長の良き時代の体験などを得々として語ってみても、所詮は、後輩を惑わすのみ——。

こんな前置きをしておきながら、折角のチャンス、教訓のひとつ、ふたつをと思い直すのだから、始末が悪い。

いや、なに、難しいことを申し上げるわけではありません。

読者諸兄に、ひとつ質問をさせていただきたい。「貴兄は、銀行に入って〝よかった〟とお考えでしょうか」これは一見、愚問とみえる。

「そんなこと考えたこともない」という人。「なに、もう諦めですよ」という声も聞こえてきそうである。

そこで、第二の愚問を——。

「銀行のあなたの仕事、面白いですか」。これには、かなりはっきりした反応がありそうである。「だいたい、世の中に、面白い仕事なんであるんですか!」と開き直りのお答えも覚悟しながら——。

●何事も本気でやろう

小生の場合、3日、3月、3年目、に加えて、10年目にも、銀行員をやめたいと考えていた。このときすでに、二人目の子供が生まれたばかり、女房は「あなた、またですか」と、本気でとり合ってくれなかったが、こちらは真剣であった。

そのころ、一篇の詩に出合った。「本気」という題である。

本気ですれば
たいていな事はできる
本気ですれば
なんでも面白い
本気でしていると
たれかが助けてくれる
人間を幸福にするために
本気ではたらいている人は
みんな幸福で
みんなえらい

頭をガーンとなぐられたような、ショックを受けた。そうだこのオレには真剣さが足りなかったんだ。「本気」でやってみようと決心したとたん、すべてのものが、ちがってみえてきた。

これまで馴れでこなしていた事務も「どうすれば、もっと正確に、もっとスピーディに、もっと美しくできるか」創意工夫をこらすようになってきた。

結果は目に見えて改善された。セールス面でも成果が挙がる。人みしりが強い、いままでいうネクラの性格が「セールスこそ、人と出会うことができる、すばらしい仕事」と考えてからは、面白い、すばらしい、と思うから、表情も明るくなるのだろう。

お客さまの反応は早い。「何かいいことあったの」と預金も倍増して下さる。「考え方が変われば、日々の行動が変わる。行動が変われば、当然、業績は変わる」のである。

ネクラからネアカへの見事な変身！　と言えば、カッコいいが、これにはひとつのキッカケがあったのだ。

●店に掲げた二つのスローガン

晩秋のある日曜日、数人の友人と瀬戸内海に浮かぶ、小さな島「長島」を訪れた。ここに「国立療養所長島愛生園」がある。案内された図書室に足を踏み入れたとたん、その異様な雰囲気に、私はたじろいだ。耳がそげた人、鼻がない人、手足がない人など、10人あまりのハンセン病盲人たちが、机に向かっていた。が、頭をあまりに机に近づけすぎていた。よく見ると、舌の先で、本をなめているのだ。

鬼気せまる情景！　といったら、不謹慎な表現と叱られよう。しかし、次の瞬間、わずかに残っている舌先の感覚で、点字本のボツボツの突起物をまさぐり、一心に読書をしている姿であることに気づいたとき、私は、言いようのない感動で体を固くして、そこに立ちつくしていた。

この病いのために、愛する肉親と生き別れ、たった一人でこの島へやってきた人たち。やがて病いがすすみ、手足の感覚もなくなり、失明される人も少なくないのである。それでもなお、読書を通じて、少しでも向上しようと励む姿は神々しくさえ見えた。

体も頭も弱いと思いこみ、劣等感に苦しんでいた私、感謝を忘れ自己中心であった私。

いま、わが家のトイレに、こんな紙が貼ってある。自分へのいましめと、子供たちへのメッセージのつもりで——。

ありがたい
見える
話せる
きこえる
歩ける
おいしい
アタリマエでない人が多い。

支店長になって、二つのスローガンを掲げて全員に呼びかけた。

「明るく大きく考えよう」。物事はマイナス面よりプラス面を、人を見るときは、短所には片目をつぶって、長所を惜しみなく認めよう。

そして、もうひとつ「熱意こそ人を動かす」。本気でやろう——と。

このスローガンのもと、一人ひとりが、すばらしい力を発揮してくれた。その力を合せた結果は、タシ算がカケ算となった。

ありがたくも、すばらしいこと、と感謝のみである。貴兄のご健闘を祈ります。

伸びる人 伸びない人

●グングン伸びる人の条件

皆さん、こんにちは。私は6年前まで銀行にずっと勤めておりましたが、最後の12年間は支店長という立場にありました。その間、多くの若い人たちを見てまいりました。またボランティアとして青少年グループの指導を30年。そんな体験から社会人として伸びていく若者のタイプを申し上げてみたいと思います。

第一に明るい人。明朗な人の回りには大勢の人が寄っていくものです。人に好かれないと、商売でも仕事でも伸びません。

第二に「あの人に任せれば大丈夫」と信頼される人。責任感のある人ですね。

第三に相手の気持ちが分かる人。共感性というのでしょうか。

いま申し上げた明朗、誠実、責任感、共感性といった人柄を表わす、その人の長所が社会人として大きな強味となるのです。

ここが学校と社会に出てからのモノサシの大きなちがいです。人柄は良いけど成績がイマイチだったという人も自信をもって下さい。

次に、少し別の角度から考えてみましょう。ちょっと粗っぽい分け方ですが、人間をカラダとアタマとココロの三つに分けてみましょう。まず、カラダ。これが丈夫でないと、どんなにアタマがよくってもダメですね。何よりも健康。

第二のアタマは「考えるアタマ」。与えられた仕事をどうすればもっとうまくいくかと創意工夫をこらす、そんなアタマです。

第三のココロ。これには二つあります。一つは「燃えるココロ」。アタマはいいけれどシラケている、これではダメですね。情熱が大切なんです。もう一つは「温かいココロ」。ちょっとキザですが愛情といいましょうか。これがなくては人は動いてくれません。

●本気でやれば、なんでもできるし、面白い

私は、16歳のとき父親を亡くしました。そのとき母が小さな詩集をくれたんです。そこに『本気』という詩が載っていました。

私は、32年間みんなと一緒に仕事をやってきましたけれど、本気でやったら、たいていのことはできましたし、また面白かったですね。いい加減にやっていてはダメです。

本気でやれば誰かが助けてくれる、というのも本当ですよ。地味な仕事でも一所懸命になってやっていると、仲間や上司またお客さまが応援して下さるんですね。

皆さんのこれからのお仕事は、製品やサービスを通じて人々に幸せを提供することなんですね。すばらしいことじゃありませんか。

「どうせ私の仕事は……」なんて自分の仕事を卑下したらおしまいです。自分の仕事にプライドをもちましょう。

与えられた仕事が何であっても「本気」で取り組んでいけば、きっと道は開けていきます。皆さん、頑張って下さい。

自分の中にすぐれたものを持ちながら、使わないのは惜しい。
家庭を楽しむ。仕事を楽しむ。そうして自然を楽しむ。
わが仕事と思えば、熱中する、研究する。したがって、上達する。
やればできるのに、できないときめこんでいる者がある。
暇になったらという人間に、暇のできたためしがない。
誰が何と思ってもいい。よいものをよいと言える勇気を持ちたい。
人によろこばれる生き方をせよ。自分の前途はかならず開ける。
男という男に、威張りたがるくせがある。持ち上げられると調子にのる。
人間は弱きもの、迷うもの、一言、時に人を生かし、時に人を殺す。
胸にえんえんと燃えるものを持とう。火が消えて何ができる。

（後藤静香『一言集』より）

第2章●支店長の人づくり

叱られ上手に正しい情報が集まる

若い行員は
支店長の失敗談に心を開く

――毎年、4月は新入行員のシーズンです。今年も沢山の新人が本部に、あるいは営業店に配属されます。最近の若い人は感性が豊かな反面、仕事観・人生観が異なってきたといわれますが、若い人たちと管理者のつき合い方についてお話しいただけますか。

山崎　若い行員と支店長が直接いろいろの話をする場面は、大規模な支店ほど少なくなるのが実情でしょうが、朝礼や店内研究会などチャンスはいくらでもあります。

私の場合は、よく体験談を話しましたね。それも自慢話じゃなくて、むしろ失敗談が多かった。失敗談の方が若い人たちは心を開いてくれるんですね。

たとえば「私も入行したての頃は当座預金係だったが、ソロバンが下手くそで勘定が合わなくて、いつも叱られていましたよ。だけど、いつも失敗して謝っているだけではダメだ。ソロバンが下手ならば、家に持って帰っても練習してみろ、と言われて、ずい分厳しい人だなと思いながらも、家でやったものです」とね。

上司からそんなことを言われて最初は反発もしたけれど、思い直してやってみたらうまくできた。

そのときは〝いまにみていろ〟と思ったけれど、いま思うと、ああいうふうに間違ったときにはビシッと怒鳴ってくれたことによって、目が覚めたという失敗談の方が、素直に心を開いて聞いてくれるようです。

若い人たちも自分の次元に引き戻して、支店長にもこんなことがあったのか、と思うんでしょうね。

叱ることは情報を与えることと心得る

――失敗を発奮材料にしたということですね。

山崎　そうです。私はよく「素直でないと損をする」と言っているんです。私は若いときにずい分と損をした。

とくに20代には上司の話を素直に受け入れないで、いつも反発ばかりで言われたことをキチッとやらなかった。その点でずい分と損をしたように思う、という話です。

いま流の言葉で言えば、叱られるということは、「これは間違いだよ、だからこうしなくちゃダメだよ」という〝正しい情報〟をもらっていることなんですね。

つまり、正しいやり方、うまいやり方を教えてもらっているわけです。

それが叱られるということの内容だということです。

ですから、正しい情報をもらっているにもかかわらず、それに感情的に反発すると、次からは叱ってくれなくなる。

あいつはふてくされていてプッとふくれるから、二度と言うまい。逆恨みでもされたら損だから、ということになる。

それは、自分の成長を自ら阻むという結果となってハネ返ってくるんですね。

情報、情報とよく言いますが、正しい情報をいつもインプットしていないと、正しい結果をアウトプットできません。この情報社会で大切なことは、正しい情報を数多く集めることではありませんか。

それができる人間こそいい結論が出せるんですよ。叱られるとか上司からいろいろと指導を受けるということは、正しい情報をインプットされていることですから、叱られたときはむしろ「ありがとうございました。また教えて下さい」というべきなんです。

10年、20年のキャリアを持つ上司先輩という〝正しい情報源〟を確保することになるんですから……。突っ張っていると損をします。

いま流の言い方ですと、そういうことになりますね。

素直になることが社会人の第一歩と教える

――社会人の第一歩は、「素直になる」ということでしょうか。

山崎　そうですね。素直になりましょうとか、素直に考えましょうと言うと、みんなどうかなと首をかしげるのは、騙されてしまうという誤解があるからです。

なんでも素直に受け入れる、あんなお人好しでは、とても生きていけないと思うわけです。

しかし、私はそうではないと思います。本当に心から素直に物事を受け入れようと思っている人は騙せません。私のいままでの経験から言うと、そうです。

逆になんでも疑ってかかる人、相手の言うことには裏があるんじゃないかと疑いながら聞いている人は、正しい情報を得ることはできません。

素直に自分の話を誠心誠意聞いてくれる人にはウソは言えないものですよ。本当に自分のエッセンスを語らざるを得なくなります。

幼稚園の子供をみるとよく分かりますね。この先生は本当に僕のことを思っていてくれるのか、愛していてくれるのかどうか、直感力で分かるんですね。

ひとつには声かも知れませんね。温かい声、愛情あふれる声で話してくれる。それが自然に幼児には伝わるんでしょうね。

まして大人においてをやです。人間対人間の気持ちの通じ合いは言葉だけではない、それ以上のものがあるんですね。

「素直になりましょう」というのは、松下幸之助さんが「ＰＨＰ」で言っておられることなんですが、大変深い意味がある。

すばらしいな、さすがだなと私は思っています。

嬉《うれ》しいな

嬉しいな
生きている
本が読めて
字がかける
嬉しいな
生きている
まだまだいい事が
たくさんできる
嬉しいな
可愛《かわい》いものがいっぱい
可愛がってくれる人もいっぱい

（詩集『権威』より）

第2章●支店長の人づくり

〝ワンランク上の立場〟が若手を育てる

若手を育てるいい指導法が〝ワンランク上〟志向

――支店長を目指そうという若い行職員の方々から質問を受けましてね。「日常業務の中で、指標になるようなことがあるか」というわけなんですが……。

山崎　私が最初に勤務したのは本店営業部ですが、当時の営業部長はこんなことを言っておられました。

「ワンランク上の人の立場になって考え、行動しなさい」とね。軍隊の経験がある方でしたから、経験的に言われたんでしょうが、私はまだ20代の若僧だったから、「ああ、そんなものかな」と、ぼんやり聞いていた。

しかし、自分のポストが上って実際に責任者の立場になってくると、その言葉の意味するところがよく分かってきます。

ワンランク上の人の気持ちになって仕事をしろということは、自分にいろいろな仕事を指示命令してくれる相手の立場になって考えるということです。

だから、言われたことがおもしろくないからと反発するんじゃなくて、どういう考え方で、この人は私に依頼したのかと考えてみると、具体的な対応が出てくるものですね。

たとえば、これこれをいつまでにやってくれ、と言われたとき、中間報告をした方が相手も心配しないだろうと考える。

非常に難しい仕事である場合「すでに10日がたちました。あと10日しかありませんが、いまの状況はこうです。何とか期日までには仕上げてみせます」とか、「こういう困難な要素が出てきましたので、1、2日遅れるかも知れません」と。

上司というものは、仕事を命じた後も、その進行状況を気にしているものです。

ですから、こんな中間報告をしてくれる部下は信頼されますね。

その意味では、ワンランク上の立場になって考えよ、というのは若手を育てる一番いい指導法じゃないかと思います。若い人はそれを実行すると力がつきますね。

プロジェクトチームのリーダーに任命するといい

――支店の現場でできる実戦的な育成指導の方法には、どんなことが考えられるのでしょう。

山崎　若手職員の力を引き出す方法としては、小さなプロジェクトチームのリーダーに任命するのも効果がありますね。

人を動かすことの苦労を味わってもらうわけです。

学生時代に運動部やサークルのキャプテンをやったとか、ボーイスカウトで中・高校生のときにチームリーダーとして苦労した経験のある人が、社会人になってグングン伸びていくという例はずいぶん多いですね。

私自身の経験でも、10代のときから今日まで〝タンポポ会〟という青少年教育団体のリーダーを務めてきたことが銀行でも役席、支店長になってから本当に役立ったと思いますね。

また、そういう経験があると若い連中と話をしても違和感がないんですね。

むかしの支店長は「黙ってオレについてこい」でもよかったかもしれませんが、いまは「みんなをその気にさせる」演出者というかプロデューサー的役割なんですね。あるいは仕掛人といったら悪いかな。

営業店ではプロジェクトチームのチーフに、25、26歳の得意先係を起用する。そうするとA君のチームはイキイキと動き成果を上げる。Bチームはサッパリということがある。

その人のリーダーシップというか、人間的な器というものを見ることができます。

大変頭はいいんだけれど人望がなくて部下がそれについていかない。

一人でやらせれば優秀な成果をあげるけれど、チームリーダーとしてはふさわしくない、なんていう人も分かります。

逆に、あんまり仕事をキチンとやるタイプじゃないけれど、チームリーダーにしたら、みんなを活性化させているのがいる。面白く楽しくして業績をあげていくタイプなんですね。

支店長としては、一人ひとりの適性を見極めた上で、それぞれの長所を伸ばしてあげるよういろいろなチャンスを与えてやることでしょうね。

向上意欲を引き出すのが支店長の役割

――なるほど、若いうちからリーダーとしての体験をさせると、若手職員も大きく成長するわけですね。

山崎　上司から部下を見るとき、なんとなく頼りなく見えるものですが、思い切って昇進昇格させて、そのポストに坐らせてみる。それから3ヵ月、半年たつと、なんとなく格好がついてくるものですね。

そのポストが要求している能力なり態度というものがあるわけです。それを満たしていかないと、その仕事は務まらないところがありますから、多少背伸びしながらでも、急速に成長していく。

最初はどうかな、と思った人でも半年、1年後にはそれらしい風格を備えてくるし、内容も充実してくる。

ポストが人を創る、とでも言うのでしょうか。伸びる人はみな強い意欲をもっていますね。向上欲というのかな。スポーツだって、勉強だって、上から強制されたら、面白くありませんよね。進んで自発的にやるところに、楽しさ、やり甲斐があるんでしょう。

その向上意欲を引き出し、大いにバックアップする。また、そんな雰囲気づくりをするのが支店長、次長の役割でしょうか。

夢中《むちゅう》になる

わたしが百姓だったら
百姓で夢中になる
わたしが商人だったら
商売で夢中になる
夢中になれば面白い
面白いから疲れない
わたしはいま
夢中になって
この本を書いている

（詩集『権威』より）

仕事に対する正しい理解が真剣さを生む

ちょっとした質問が朝礼のマンネリ化を防ぐ

――今回は「朝礼」について伺いたいと思います。朝礼については、支店長もいろいろ工夫をしているようですが、これを継続して効果的に行うというのは、意外に難題のようですね。

山崎　どの金融機関の、どの支店でも朝礼をやらないところはないと思います。毎日行っているところもあれば、月、水、金のところもあるでしょうが、だいたいにおいて同じことを続けているために〝マンネリ〟という問題が生じてくるわけです。

朝礼がなぜ面白くないかと言いますとね、数字の話にしてもたとえば、昨日の資金量はこれこれ、融資量はこれこれだということばかり。毎日毎日、この話ですと聞いていてもいなくても、どうってことはなくなってしまう。

私は考えまして、朝礼の担当者に質問をしてみることにしました。

「昨日の資金量のうち、普通預金はいくらなの？」と聞くと答えられない。

「定期預金はいくらなの？」と言うと、残高は答えられても「それでは期日指定定期は、スーパー定期はいくらあるの?」には、ハテナと首をひねってしまう。

「それでは明日までに調べておいて、明朝発表して下さいよ」と言うわけです。

また「当座預金というのは利息がいくらなの?」と聞く。さすがに「当座預金には利息はつきません」と答えますが、「なぜつかないの?」という問には返事ができない。そこで「アメリカの銀行では、当座預金は手数料を取られることもあるらしいね。なぜかな」ちょっと難しい問題を投げかけておく。それも調べておいてもらう。

そして、翌朝説明を受けた後に再度聞くんです。「当座の小切手帳はいくらなの?」と。すると「412円です」と答える。

そこで「当座の小切手帳は、すかしが入ったりしてずい分とお金がかかっていますね。最近は小切手帳も高くはなっているけれどそれでも、これによって儲けがあるわけじゃない。手形用紙についても同じだ。当座預金が定期預金や普通預金とちょっと性格が違うのは、そういうところにも出ている。言ってみれば、当座の開設それ自体がお客さまに信用を差し上げていることなんですよ。資格審査をするのも、そのためなんです」という具合いに付け加えたりもするわけです。

こういうことを通じて、預金係の行員は同じ預金なのに普通預金と当座預金とでは、こんなにも性格が違うのかということが分かる。18歳の女子職員にだって理解できてくるんです。

そうすると、不渡りとか、手形が落ちないとかいうことがどういうことなのか、倒産の兆候だということが徐々に分かってきます。

新聞にも毎日のように倒産の記事がでていますし、自分のやっている仕事と世の中の動きが連結してくるようにもなってくるんですね。そうすると、仕事が面白くなってくる。やり甲斐、働き甲斐にも通じると思いますね。

朝礼はＯＪＴの場である

——朝礼も職場のＯＪＴの重要な一場面ということでしょうか。

山崎　そうですね。支店長、あるいは次長や課長がそのあたりを質問したらいいんです。本来ならば、自分の担当のことですから当然知っていなければならないのに、知らない。

言われた通りに処理しているだけに過ぎないいんですね。

ところが、自分の仕事が銀行業務の中でいかに大切かを自覚すると違ってきます。勉強してみると、違ってきますよ。

たとえば、口座相違ひとつとってみても、本人にすればＡさんに入れるべきものをＢさんに入れたのは、口座番号も似ていたし、名前だって一字違いだったので……というでしょうが、そのために回ってきた小切手、手形を不渡りで返してしまった。

明らかに金融機関のミスなんですが、返されたところは大騒ぎ。

もちろん、金融機関錯誤で訂正したけれども、あとの祭ですね。何かそういう事実があったんだろうというので、その商店には品物が入らなくなった。せっかく人材が集まるところが来なくなった。スポンサーから見放された——いろんなことが起こるわけです。

そして、最悪のときは、倒産に立ち至って裁判沙汰になってしまうこともあり得ましょう。

ほんのちょっとしたミスが、大変なことになるんだという事実を知れば、口座相違については今までの5倍、10倍の神経を使うし、口座相違を起こさないためにはどうしたらいいか創意工夫をこらす、もっと真剣に考えるようになります。

それが指導なんでしょうね。普通は「口座相違をするなよ」で終ってしまいますが、そうでなくてそれがどういう結果になるか、どういう事件に結びつく可能性を秘めているのか、そういうことを十二分に理解させることが教育の第一歩じゃないでしょうか。

みんな聞いている3分間スピーチ

――なるほど、いろんなやり方があるものなんですね。朝礼も教育的な面に目を向けると、マンネリなんてなくなりますね

山崎　持ち回りの3分間スピーチなども朝礼の活性化には有効ですね。仕事の話でもいいが、自分が最近体験したことなどを普段の言葉で話してもらう。これは役席者の話よりも、みんな真剣に聞いていますよ（笑）。自分の番もそのうち回ってくると思えば、なおさらね。

役席者にとっても、若い人がどんなことを考えているかがよく分かるし、人柄を知るチャンスでもありますしね。

うれしい日

今日はうれしい日であった
やさしい言葉にふれたから
今日はうれしい日であった
おいしい物をたべたから
今日はうれしい日であった
仕事がたくさん出来たから
今日はうれしい日であった
さびしい人を慰めてあげたから

（詩集『権威』より）

第2章●支店長の人づくり

朝礼を〝スター誕生〟の場にしてみよう

支店長が〝その気〟になれば

面白い話なら　喜んで聞く。
楽しい話なら　ニコニコして聞きます。
トクになる話なら耳を傾けて　ぜひ聞きたい。
年配者だって若い人だって、みな同じ。

ああ、それなのに、金融機関の朝礼ときたら、これがまるで反対なのだから――。

「数字、数字、目標にまだ足りない、ガンバレ、ガンバレ。近く本店検査がくるだろう。今度こそ、いい評価を。きのう口座相違でお客とトラブルがあった。今期になって三度目だ、同じ間違いを何度もするな――」

こんな調子のマンネリ朝礼、聞かされる方もいい加減アタマにくるか、あきらめの境地か、いずれにしろヤル気は起こらない。

都会地では、満員電車を乗り換えながらの1時間半。ようやくたどり着いたこの職場、やっと立っている人も多いのだ。

こんな朝礼ならやめた方がよい。一体ダレが悪いのか、支店長である。朝礼の重要性が分かっていないのだ。センスが足りない。

明日からマンネリ朝礼をやめてイキイキ朝礼に変えてみよう。

部下に自信をつけさせよう

朝の時間が大切、支店長が明るい顔で、大きな声で「おはよう、みんな元気かい、今日も一日、明るく楽しく逞しく、いい仕事をしようじゃないか」と呼びかける。

次長の音頭で当店のスローガンを唱和する。「明るく大きく考えよう」「熱意こそ人を動かす」

持ち回りの若手2分間スピーチは営業のA君。「営業の部屋に〝本気ですれば誰かが助けてくれる〟という詩が貼ってありますが、あれホントですね。きのうもお客さまが、〝キミは熱心だな、ロータリークラブの友人を紹介してやろう〟と応援してくれました」

融資係からのお知らせ。「駅前のブティック山田さんに店舗改装資金3000万円をご融資しました。山田社長から伺った特別ニュース、本日から3日間限り、〝会員ご招待35%割引セール〟に当店女子職員のみなさまを特別ご招待したいとのことです。今日は仕事をキチンと早く終えて、ステキなショッピングをどうぞ」——こんな話を聞きのがしてはソンをする。

朝礼は〝スター誕生〟の場でもある。「本日のスターをご紹介しましょう。新規開拓のB君、難攻不落といわれた当地トップ企業C社との取引成功、その苦労話を3分間で」

プロ野球でも試合後、若い選手が〝お立ち台〟に立ってヒーローインタビューを受ける。

「きょうのヒロインインタビューは年金獲得トップのテラーのD子さん。成果を挙げた秘訣を教えて下さい。時間は2分間」。2分経過すると、朝礼当番がヤカンを叩く。「カーン」——みんな「アッハッハ」と笑う。大勢の前で認められた自信から、明るくなる、グングン伸びていく。

支店長の一番大事な仕事は「人を明るく大きく育てること」。朝礼は人材育成の場である。

各界の第一人者と接触する法

ここでいう第一人者とは、その分野での第一級の業績を挙げている、いわば「その道の権威」と認められている人のことであろう。有名人、必ずしも一流人でないことをお断りしておこう。

もうひとつ、大切なことは、第一人者に何を期待するのか、その目的をはっきりしておくことである。

さて、アタックの方法だが――。

●正攻法

銀行員なのだから、直接自宅に出向くか電話で「参上したい」旨申し入れる。ただし相手は多忙な人であるから、何かの工夫がないと断られる公算が大きい。金融マンなら相手の損得に関する情報をうまく提供できなければ相手にされない。

●紹介法

KさんはS行のベテラン営業マン。抜群の成績を挙げている。歌舞伎役者のE氏の不動産有効利用を一任されている。E氏に頼んで、付き合いのある各界一流を次々に紹介してもらった。

●ファンレター

第一人者は、本を何冊も書いている。その一冊を読んで、感想文を自宅あてに郵送するのである。ファンレターは嬉しい。私もある雑誌に10年間連載していたが、感想文を送って下さる方には必ず返事を書いた。

講演とちがって執筆はすぐに反響が分からない。それだけに書く人は感想または激励のハガキ一枚を何度も読み返し、勇気づけられるのだ。一流人でもそれは変らない

●講演会

新聞や雑誌の告知版を気をつけてみておくことが大切。受講した感想を早速書くことだ。具体的に「とくに○○に感銘を受けました」と。自分を紹介する文などがあればコピーを同封しておき、名前を覚えてもらう。

講演会が終って講師控室へ戻られるときなどに、タイミングよく名刺を差し出す。「ああ、あなたがいつもハガキを下さる○○さん」「遊びにいらっしゃい。事務所の電話はこれです」と名刺を預かればしめたものだ。

●ファンクラブ

「○○先生を囲む会」が自然発生的にできている場合が多い。幹事役に頼めば割とカンタンに入れてもらえよう。

さて、問題は長続きさせる法。キミのセールスポイントは、あなたの魅力は。お互いにプラスを与え合う「お互いに役に立つ」関係でないと長続きしませんね。

第3章●

支店長の営業戦略

——〝明るく大きく〟仕掛ける——

第3章●支店長の営業戦略

セールスの成功は人生の成功につながる

レターマンとの出会いが私を目覚めさせた

――今回は山崎さんの銀行員駆出し時代、とくにセールスに出たころの話から伺いたいのですが。

山崎 入行が昭和29年4月ですから、もうずいぶん昔の話になりますが――思えば私の銀行員生活のスタートは〝セールス〟からでした。正確には1年8ヵ月の当座預金係のあと、課長に呼ばれて「明日から得意先係へ」というわけです。当時は性格も内気で、にぎやかに人と話せないタイプでしたから「私にできるかな」と不安でした。

しかも新規開拓専従というのですから、どちらへ伺っても「間に合ってる」の返事。悩みに悩んで、何度銀行をやめよう、と思ったことか。

しかし、当時は今とちがって不況のどん底、やっと入れていただいた職場をやめても行き所がない。そんなとき本屋の棚で見つけたのが、「販売は断られた時から始まる」という題名の新刊書。エルマー・レターマンというアメリカの生命保険トップセールマンが書いた本でした。

「顧客の仕事を自分の仕事と思え」「人のためにつくせ、だが代償は求めるな」「セールスマンシップとショウマンシップ」「熱の人であれ」「アイデアを売りこめ」「セールスマンよ、高い誇りと自覚をもて」……

帰りの電車の中でも夢中になって読み続け、赤エンピツで何本も線を引きました。たしか、あの時は乗りすごし、終点まで行って引き返したことを覚えていますよ。

生保と銀行のちがいはあってもセールスの基本は万国共通、なぜ、私がダメ得意先係なのかもよく分かりました。大いなる励ましとセールスの上のヒントを与えられました。いろいろ工夫をし、ダメでモトモト〝ダメモト精神〟でぶつかっていきました。

そうすると、驚きましたね。これまで全然相手にしてくれなかった人が、まったくちがう対応をしてくれるようになったんですよ。

——山崎さんは最近、生保業界のトップN生命のセールスレディ研修会でたびたび話をされていますね。

3人のセールスレディは人間的魅力を持っていた

山崎　これは嬉しいめぐり合わせ、と申しましょうか。昨日は有楽町の読売ホールで150名のセールスレディが集まって下さり、2時間お話しました。

さすがにトップクラスだけあって、参加者のレベルが高く充実した研修会になりました。先程お話した世界一のトップセールスマンから学ばせていただいたことを実行すると、どういう結果になるか、私の拙い体験談ですが、多くの方々の共鳴をいただき嬉しかったですね。

何よりも「セールスに成功することは人生に成功することである」という言葉は、本当に実感ですね。銀行も同様ですが、生保も各社ほとんど同じ商品を販売しているわけですから、セールスマンの人間的魅力が大いにモノをいうのですね。明朗、誠実、責任感、共感性といった人柄に加えて、高い目標を掲げる勇気というかチャレンジ精神、達成への執念といった〝人間力〟が成果となるわけでしょうね。

私が銀行時代お目にかかったセールスレディは100人をはるかに超える人数にはなると思うのですが、いまでも鮮やかに印象に残っている3人のレディがいらっしゃる。

その1人のAさん。「連続受賞とのこと、おめでとうございます」といいながら風呂敷から取り出したのが色紙。

「**山**越えて　**崎**に舞い来し鶴めでた　**喜**しき業績**芳**声隆《たか》らか」

支店長の名前を折りこんでお祝いの言葉を述べたものです。連続受賞のことは職員の誰かから聞き出したものでしょう。情報の事前収集から、このように支店長の気持ちをとらえるプレゼントが出たのでしょう。

「これは嬉しいものをいただきました。でも私自身は保険にいっぱい入っていてお役に立てずに申し訳ありません」「いえいえ、もしお差支えなければ、取引先の中小企業の社長さんをご紹介いただけたら有難いのですが――」

融資担当者をAさんに引合わせ、取引先リストの中から10社ほどご紹介することにしました。

Bさんは新聞、雑誌などの切抜きコピーで私の関心のありそうなものをよく届けて下さったし、死亡保険情報なども電話で知らせて下さった。

Cさんは、アフターケアーが見事でしたね。取引先の社長をご紹介しますと、その後の経過をマメに報告される。そこで難航している場合など、〝助け船〟を出す。

「お蔭様で企業保険、経営者保険すべていただきました」などと嬉しいお知らせがありました。

この3人のトップレディ、支店長のニーズ、ウォンツを的確にキャッチして、取引先社長への紹介という本来の目的を果たされたわけですね。しかもさわやかな印象を残して――。

質問上手の〝聞き上手〟に多くを学んだ

――その3人のセールスレディ、美人だったんでしょうね（笑）。

山崎　アハハ、まあ、顔の造作はともかく（笑）皆さん明るくて、スマイルがなんともいえずチャーミングでしたね。それに質問上手の〝聞き上手〟なんですね。

また、ハガキなどをいただくと嬉しいものですね。「お話の中でとくに……に感銘をうけました」などと書いて下さると、次に見えたときは「今日はコーヒーにしましょうか、紅茶にしましょうか」など、つい過剰サービスになってしまいますね。でもこんな方々は100人に1人。やはりトップクラスはちがうなぁと。多くのことを学ばせていただきました。

仕合せ

両親がない
　それは仕合せだ
両親ともにある
　それは仕合せだ
貧乏です
　それは仕合せだ
金持です
　それは仕合せだ
然《しか》り
活かせば一切が仕合せである

（詩集『権威』より）

損得勘定に強いプロ職員を育てる

〝生涯一セールスマン〟

──前回のセールスのお話は「面白かった、参考になった」という声が聞こえていますが……。

山崎　「セールスに成功することは人生に成功すること」と言いました。これすごい言葉でしょう。この言葉の深い意味をよくかみしめていただけたら、嬉しいですね。

私がラッキーだったのはセールスマンからスタートできたことでしょうね。プロ野球監督の野村克也さんは〝生涯一捕手〟といわれましたが、私の意識の中にも〝生涯一セールスマン〟というのがあるんです。営業店の現場ではもちろんのこと、本部のスタッフだったときも、この気持ちを持ち続けてこられたのはよかったと思っています。

本部のときはスタッフとして自分なりの戦略、戦術、アイデアをいろいろ考えました。しかし自分ひとりでは何もできません。それを上司、同僚にどのように売り込むか、段取りを考えます。とくに実権を握る上席者への根回しは欠かせませんね。これも〝セールス〟なんですよ。

支店に出てからの第一の仕事は支店長としての経営方針や主な施策を次長以下の全員にどのよう

に売り込むか、ということでしょう。例の私のスローガン「明るく大きく考えよう」と「熱意こそ人を動かす」も支店長としての自分の基本的な考え方を全員に理解してもらうためのものです。営業ミーティングではヤル気を高めてもらえるような激励、刺激、それに成績向上のための戦術面での指導、すべて自分の体験に基づく知識を売りこんでいるわけです。

これも「分かりました」だけでは困る。そのように動いてもらうこと、そして成果に結びつかなくては〝私のセールス〟は完結しないのですね。一人ひとりの成果が上がり、支店の業績が上がる。表彰状をいただく、というはっきりした成果を上げることが支店長としての私の仕事〝私のセールス〟なのですから。

ところで次長以下の一人ひとりの職員を〝私のお客さま〟と考えていた、と以前お話したことがありましたね。ですから着任早々の大事な仕事は職員との対話。「あなたのご希望は何でしょうか」と。〝お客さま〟のニーズに応える。これがセールスの出発点ですものね。

「自分を正しく認めてほしい」これこそ人間の基本的な欲求だと思いますね。私自身もそうですし、皆さまも同じでしょう。

そんなふうに考えていくと「聴く」ということも大切な〝セールス活動〟ではないでしょうか。

朝のミーティングでどんな激励をし刺激を与えるか

――朝のミーティングでの〝激励〟〝刺激〟とはどんな話でしょう。

山崎　「みんな銀行員でしょ、もっとソントク勘定に強くなれよ」なんていうと、何のことかなと思うでしょう。

そこで「セールスほどおもしろい仕事はないよ。だけど、どうせならトップクラスになるがいいよ。支店長にも次長にも一目《いちもく》おかせるくらいの実績を上げてみせるんだ。そうすれば、この支店ではもちろんのこと、どんな支店に転勤していっても大事にされるだろうよ」と。

実績が上がらない人だと上司から「ああだ、こうだ」といわれるが、トップクラスになると信頼されるだけでなく、行動面でも自由裁量の範囲が広くなる。これだけでもトクになる。

「プロ野球を見てても、3割バッターと2割5分とでは表情、態度ともまったくちがうのがおもしろいね。ヒット1本打つのにバット3回振る人と、4回振る人との差、ほんのちょっとの差で、年俸1000万円の人と1億円以上の人とに分れる。連続出場の衣笠だって、三冠王の落合だって、プロの自覚が強いから自分で勉強し、あれだけの成績を残せるんだね。

ところで、あなた方、失礼だけど〝セールスの本〟読んだことありますか。『理屈よりも行動だよ』なんていって、やたら動き回るだけの得意先係ではダメ、セールスのイロハも知らないで根性論だけ振り回しても効果は上がらない。自動車のトップ、生保のトップ、化粧品のトップの人たち、すごいよ。行動力はもちろんだが、知的装備にも怠りないよ。そして知識よりも知恵の人たちだね」

プロ根性をどう評価するかで10年後に差が出る

――反発の声はありませんか。プロとはちがうよ、とか。

山崎　中にはあるでしょうね。こちらは承知の上で話してるのですが――。以前、本部で得意先係の集合研修を担当していたときのことです。生保各社のトップクラスのセールスマン（28歳～39歳）の方を5人お招きして体験談を聞かせてもらいました。どちらかというと控え目な印象を与える方でしたが、考え方、行動、したがって実績が抜群なんですね。

受講生たちも「やっぱりプロはちがうなぁ」と感心する声が多かったのですが、誰かが「でも、あの人たちは収入システムがちがうよ。歩合給なんだからな」といえば「オレたち固定給、せいぜいボーナスで色がつく程度だもんな」「あの人たちに比べられたら参っちゃうよな」と同調する声が相次ぎました。

「でも、オレはショックだったな。年齢はオレたちと同じなのに。あのプロ根性には」とつぶやいた人がいました。この人、静かなタイプで得意先係としては並のレベルでしたが、その後グングン伸びて、同期のトップを切って支店長になり、連続表彰を続けています。

ここでも短所指摘の上手な人と、長所発見能力をもつプラス発想の人との差が10年、15年のうちにハッキリでてきましたね。面白いですね。

愛すれば

愛すれば
話が解《わか》る

愛すれば
心が通う

愛すれば
機転《きてん》がきく

愛すれば
気苦労なし

（詩集『権威』より）

第3章●支店長の営業戦略

セールスの原点は創意工夫にある

T百貨店の職域開拓がセールスの原点

——セールスの話が続いていますが山崎さんの〝会心のセールス〟をひとつ聞かせて下さい。

山崎　さあ、この話、会心といえるかどうか。セールスマン駆出し時代の話ですが——

T百貨店の店員開拓は、私の〝セールス原点〟と申し上げてよいかもしれません。

いま思うと、よくあんな心臓があったものだとあきれるのですが、夢中だったんでしょうね。お客のいない売場の店員さんに近づいて思い切って名刺を出す。

「あら、銀行屋サンなのね」積立パンフレットを差出しながら「どうです、結婚資金を貯めてみませんか」われながら、うまい言葉が出たものだと思う。

「あら、まだずーっと先のことよ」と言いながらも関心を示す。「もう、みなさん始めていますよ」この「みなさん」は効き目がありましたね。契約ができると「同期入社のお友だちを紹介して下さい」とお願いする。こんな調子で3人、5人、10人といよいよおもしろくなってきた。T百貨店は美人店員が多いことでも有名、こちらも独身。なにかいいことがありそうなルンルン気分でやっていました。

そんなある日、いつもの調子でやっていると、近づいてきた男が、いきなり私のウデをつかんだのです。「キミ、こんな所で何している、ここは売り場だよ」「はい、いえ、アノー」こちらはシドロモドロ。

ラブレター作戦が効を奏したのに上司たちの反応は?

――驚いたでしょう。その人は百貨店の人だったんですね。

山崎 ええ、人事部の人だったのです。事務所へ引っぱっていかれて「預金の勧誘かい、どこの銀行?」名刺を出す「ウチはB行がメインだよ、キミの所とは関係ないよ」「だって店員さん個人のご預金ですから」「ウチにも社内預金の制度があって利息だっていいんだから」「ハイ、ごもっとも」と神妙にしていればよかったのに、そこが若気の至り、つい余計なひと言「でも会社に預金額を知られるのはイヤだって店員さん言ってますよ」これがまた相手を怒らせてしまった。

こっちは、折角いいところまできたのに出入禁止になったら大変と必死だったんですね。しばらく沈黙が続いた。そんなヤリトリをそばできいていた課長さんらしい人が「じゃあ、しょうがないや、アリキュウバでやらせるか」と言った。「そ、それなんですか」とこちら。「店員食堂のことだよ」そのデパート内だけに通用するコトバ(隠語)なんですね。

こんなわけで〝有休場〟こと店員食堂の入口で店開きすることができました。銀行名と預金のポスターを貼り出しましたが、それだけでは預金は集まりませんよね。新入社員が狙い目と考えたが、売り場での勧誘は禁じられている。そこで一人ひとりにラブレター(手紙)を書こうと考えました。

いまでいうダイレクトメールですが、当時はそんなものはありませんでした。エンピツなめなめ文案をこしらえ、ペン字の先生にキレイに仕上げてもらいました。封筒も友人のデザイナーにセンスのよいヨコ封筒を頼みました。難関は住所入りの社員名簿の入手です。これは社外秘扱いですから。

ネバリにネバッたらK部長の特別のおはからいで借り出すことができました。袋詰めと宛名書きは自宅に持ち帰って土、日曜日にやりました。

昭和31年4月25日、いまでも忘れませんね、あの日のことは。新入社員の月給日なんです。お昼近くになるとハンコとお金をもった若い店員さんたちが次々とやってきました。「封筒がステキなんでラブレターかと思っちゃった」とかなんとか言いながら、3人、5人、10人。あわてて営業部へ電話「新規のお客が30人も並んじゃったんです。応援たのみます」と連絡したが、誰も現れない。本気にしなかったんでしょう。

もう一度電話して「ほんとですったら――〝時間がないから早くしてよ〟と店員さんに叱られてるんです。早く来て下さい」と悲鳴に近い声をだした。ようやく現れたT課長の言ったことば、いまも忘れませんよ。「あれぇ、ほんとだ」ですって。

常に誰かが見守ってくれているもの

――入行2～3年でよくそんなふうにやれましたね。

山崎　自分でも不思議ですね。いろいろやってるうちにセールスの面白さがわかってきたのでしょうか。相手が人間さまで、こちらの創意工夫、出方次第で結果がちがってくるのがセールスなんですね。ヤリ甲斐のある仕事だなと思いましたね。それまでの私は預金係。字はカナクギ流、ソロバンはからきしダメでしたから、事務能力の評価は並以下だったはずです。

そんな私をあえてセールスに出して激励して下さったのが本店営業部のW部長でした。朝礼の時全員の前で「ヤマザキ君は難しい職場開拓をよくやっている」と言われた。こちらは恥ずかしさと嬉しさでいっぱいでしたが、それで自信がついたように思います。これは、あとで聞いた話ですが「あの男、セールスに出して大丈夫かい」なんて言われてたらしいんです。

それから17年、私が初めて支店長として静岡県の支店に着任した日「東京から電話です」という。「ボクだよ、Wだよ」

W部長は常務を経てすでに退職しておられました。「おめでとう、キミならリッパな支店長になれるよ。あのT百貨店開拓のチャレンジ精神でやれば大丈夫」ジーンときましたね。こんな方々のおかげで伸ばしていただけたのでしょうね。

本当の勇者

善いことをして
憎まれることがある

善いことをして
疑われることがある

善いことをして
財を失うことがある

それでもなお　善いことを
大胆につづけ得るものが
本当に勇者である

（詩集『権威』より）

第3章●支店長の営業戦略

戦術指向から戦略指向へ転換させる

転勤希望の支店長代理のプロ意識を目覚めさせる

――前回〝どうせやるならプロを目指せ〟と話されましたが、これぞプロという方を紹介して下さい。

山崎　すぐ頭に浮かぶのがT氏ですね。私が初支店長として静岡県のN支店に着任したときの支店長代理でした。この支店は5年来の不振店舗で、どう立て直していこうかと悩みました。その柱になりそうに思えたのがT氏でした。

ところが、最初の面接で「同期の友人たちは、東京の支店でガンガンやっているのに、私はこの不振店舗で力を発揮できません。首都圏へ戻して下さい」。率直で向上意欲の強い男だと思いました。そして「プライベートな話で申し訳ありませんが、横浜へ残してきた高血圧の母も気になりますので」。

そこで「あなたの希望はよく分かった。だけどあと1年だけ私と一緒にやってみないか、おそらくソンはしないと思うよ。それでいまの気持ちが変わらなければ、希望どおりにしよう」「ところで、今日ちょっと車で遠出するから付き合ってくれないか」と箱根の山を越えて横浜へ。着いた所が〝T氏の母の家〟なんでご本人が驚いた。「お母さん、N支店を立て直すのにT君が必要なんです。あと1年お母さん我慢して下さい」とお願いしました。「それほどまでに息子を信頼して下さるのですか。私のことはどうぞご心配なく」とお母さん。「イヤーまいったなぁ」とアタマをかくT氏、3人で大笑いしたことを思い出しますねえ。

部下のヤル気の源泉は理解され、認められること

――〝お母さん訪問〟とはよく考えましたね。〝部下はすべて大切なお客さま〟の実践ですね。

山崎 ヤル気の源泉はよく理解され、認められることですものね。また、心配事を取り除いてあげることも大切です。

そこで、T氏を営業のチーフに任命しましたら、得意先係の業績がみちがえるように変わってきました。とくに月曜日の朝のミーティングで次々に打ち出す企画がなかなかのもので感心させられました。

「競合A、B行との格差を縮めるにはM産業との取引推進です」という。地元の最有力企業で内容抜群。A、B行のドル箱だ。「よし今週の重点目標のひとつにしよう。社長に会えないかな」というと、「正面からでは会ってくれませんが」と。その日のうちにアノ手コノ手の情報収集と、コネで社長面接の段取りをつけてくれる。社長と会えれば半分できたようなものです。

3ヵ月で取引成立。挨拶とお礼に本部からF副頭取「社長もなかなかの人物じゃないか。企業としても将来の成長が楽しみなところだね。それにしてもN店、すごいところと取引ができたね」

ここに目をつけ推進したのもT氏。地味だが誠実でよく人の話を聞く人でしたね。だから情報もよく集まるわけでしょう。

そして考える人でした。このM産業開拓のキッカケもそうでしたね。

「T君、支店長を目指すのだったら、部門チーフとしての戦術指向だけではダメだよ、自分が支店長だったらこの支店をどうするか、戦略思考でモノを考えるようにしたらどうだろう」といったことがあります。

こんなことは、聞いたからすぐ分かるということではありませんね。分かる人と分からない人、分かってもできる人とできない人がいます。素地というか器というか、30歳を過ぎて、つまり銀行員10数年のキャリア、それに支店長代理というポストを得て、いよいよこれから、という人にも成長性という点では大きな差がすでに見えてきますね。

T氏などはいい素地と意欲をもっていましたね。戦略的にモノを考えるようになり、当店と他行との格差を縮めるにはどうしたらよいか、考えたのですね。そこで情報収集の結果、標的〝M産業〟が出てきたのです。

Nゴルフ場の建設のときもそうでした。地上げから完成まで、また会員権販売の通算5年がかりの大事業、基礎づくりができていよいよこれからというときに、石油ショックにぶつかって実に困難をきわめた仕事でした。N店有力先Y工業が事業母体だが、本業は自動車関連、私ども銀行員はゴルフの一般知識はあってもゴルフ場建設となると、これはまた別の話、ヒト、モノ、カネとも大変なスケール。

T氏、どこでどう集めてきたのか、ゴルフ場建設のノウハウ案を手に入れて、プロなみのアドバイスをしていく、建設担当のプロからは「Tさん、銀行やめてウチに来ませんか」なんて誘われるほどでしたね。気むずかしいので評判のあった社長夫人にも「Tさん、完成したらあんたの銅像建てるわよ」なんていわれました。完成後10余年、まだ銅像は建っていないようですが（笑）、でもこれだけ信頼され感謝されたら銀行員冥利につきますね。

いまは大激戦地の名支店長

——Tさんはプロ意識が強い人なんですね。現在はどんなポストでご活躍なんですか。

山崎　当時、T氏は同期の中では、それほど目立った存在ではなかったんですが、グングン成長していきましたね。その後、東京のK支店へ異例の栄転をしました。

初支店長は山梨県内のY支店で連続表彰。「すごいね」と電話をしましたら、「いやぁ、あのN支店が私の出発点でした。なにしろ代理の立場で支店長の仕事をやらせてもらったんですから、おかげさまで」とこちらに花をもたせてくれました。

その後も東京・江戸川の大激戦地で名支店長ぶりを発揮してました。嬉しいですね。

松の木

左につかえると右へ
右につかえると左へ
一分でも一厘でも
伸びられるとき
伸びられる方へ伸びておく
木の根はかしこい
大きい岩を真二つにわって
天を摩するまでに
伸びきった松の木
えらい力だな
お前には敬服する

（詩集『権威』より）

誠実と熱意が本物のプロをつくる

もう1人の〝これぞプロ〟との出会い

――前回に続いてもう1人〝これぞプロ〟という方をご紹介下さい。

山崎　A氏のことはぜひお話しておきたいですね。このA氏とは2度、一緒に仕事をしました。初めは本店営業部にいたとき、新入行員として入ってきたのです。いかにも長野県の山の中から出てきたという感じでツメエリ学生服、イガグリ頭の18歳の少年。マジメだが融通がきかない、という印象でした。

ご当人には失礼だが、この人が5年後に営業店で抜群の成績を挙げ、15年後には本部企画畑で活躍し、25年後に支店長として（現在3店舗目）実績を示す人になろうとは、誰も予想しなかったでしょうね。

しかし、そのころの彼を思い出してみると、何事にも熱意を示し、よく創意工夫をこらす人でしたね。初仕事の手形交換事務についても、次から次へ改善案を出し、それを上司に認めてもらう不思議な力を持っていました。

行内のレクリエーション活動でも、テニス部長に就任すると部員がたちまち倍増、とくに女子行員が増えましたね。ハンサムとはお世辞にも、といぶかると「先輩、男はカオじゃない、ハートです！」なんてキザなことをいう。「ボクは名前を覚える努力をしてるんです。会話の中で、○○さんと何回も言うんですよ」「初心者にでもナイス、ナイスと必ずほめて自信をもってもらうのです」年齢に似合わぬ気配りに感心したものです。

もっと勉強したい、C大学の第二学部に行きたい、一番難しい法学部に挑戦したい、と言ってきました。「ガンバレ」と励ましたら「合格しましたから保証人になって下さい」という。

多忙な業務をうまくさばきながら無事卒業しましたが、次はヨメさんが欲しい。「姉妹2人のうち、お姉さんもすばらしい。だけど18歳の妹の方と結婚したい」だから「一緒に行って頼んでほしい」と言う。

こんなA君とは家族ぐるみのつきあいで25年、彼がK支店次長、同じ県内I支店長の私、お互いがんばろうぜ、と電話で話し合った翌日、転勤の辞令がきた。なんとK店へ。つまり私とA君は支店長、次長のパートナーとなるわけですね。いやぁ驚きましたよ。相手もそうだったでしょう。

〝A次長を支店長に押し上げる会〟ができていた

――350を超える店舗の中でそんな組合せは珍しいことでしょうね。

山崎　ええ、お互い知りすぎていると却ってやりにくい、ということがあるでしょうね。ところが、さすが、と思ったのは彼の〝公私のケジメ〟ということでした。仕事中は次長職になりきり、個人的感情は少しも出さない。進言すべきことはズバリと言ってくれましたし、たまには苦言ももらいました（笑）。

また彼の正義感、公平さというものが合併店舗という難しい条件下の支店運営をスムーズにしてくれました。実に10年ぶりの業績表彰。加えて事務表彰、本部考査3ランクアップという画期的なトリプル受賞を果たせたのも、A次長の力が大きかったと思います。

まる1年間一緒に仕事してみて、彼の銀行員として、また人間としての成長ぶりに感心することがたびたびでした。業務上の判断の適切さはもちろんですが、あの若き日、テニス部長時代にみせたヒトの心のつかみ方は、ますます磨きがかかってきたようでした。

地域の有力なお客さまはガッチリ握ってしまうし、新規の、それも開拓が難しいといわれている先へ飛び込んで、お客にしてしまう特技をもっていました。

とくに中小企業の叩き上げの苦労人といった社長ほど、彼の誠実な人柄、加えて相手のニーズに応える攻めのセールスに参ってしまうのですね。

〝A次長を支店長に押し上げる会〟などを密かにこしらえていたというK社長さん。彼が栃木県のO支店長へ栄転していった後「あのA次長には仕事面だけでなく、いろいろ助けられたんですよ。Aさんを支店長にしてくれてありがとう」と涙をうかべてあいさつをされた。

「いえいえ彼の実力ですよ。そしてK社長をはじめ応援して下さったお客さまのおかげですよ」とお礼を申し上げたことがありました。

若い日に「よい言葉」に出会う大切さ

――それだけお客さまから信頼されるというのは、やはりAさんの人柄なのでしょうね。

山崎　そうでしょうね。私は銀行員の場合、人柄が能力の半分以上だと思います。人柄が伴わない能力なんて、いずれ底が割れてくるものです。とくに苦労人のお客さまほど、それを評価して下さいますね。

そう言えば、営業部の頃こんなことがあったのを思い出しましたよ。私が愛読していた詩集を彼にプレゼントしようとしたときのことです。

彼、ビックリした顔をしてこう言うのです。

「この詩集知ってます。高校1年のときでした。戦争で父を失ってから母は苦労しながら店をやっていました。私は学校をやめて手伝いしようと決めたのですが、母が許さない。それで悩んでグレかけたとき、友人が1冊の詩集を貸してくれたんです。感動しました。一つ一つの詩に励まされ、明るくなりました。〝これボクに譲ってくれないか〟と頼んだがダメでした。そこでノートに書き写しました。暗記できるくらいに何度も何度も読みました。〝本気〟なんて詩はいまでもスラスラ言えますよ」。

今度はこちらがビックリする番でした。彼の人柄、それを支える信念は、この詩集「権威」をベースにしているのでしょうね。

若い日に、できれば10代の多感な時代に「よい言葉」に出会うことの大切さを思いますね。

貫行

なんでもいい
善と信じたことを
ただ一つでもつづけてみよ
なにがつづいているか
三年
五年
十年
つづいたことが幾つあるか
一事を貫きうる力が
万事をつらぬく

（詩集『権威』より）

戦略・戦術をプロデュースする

ブレーンストーミングで具体的な戦術を編み出す

――具体的な戦術の決定、いろいろなアイデアの吸収において支店長が留意しなければならないことは、どんな点ですか。

山崎　戦略的に考えることが支店長の仕事と繰返し申し上げてきましたが、戦いに勝つためには具体的な戦術・アイデアが出てこなくてはいけません。

私の場合は、どの支店でもブレーンストーミングの場を設けて、お互いにいろいろな刺激を与え合い、受け合いながら新しい戦術を編み出したものです。

そういう場を設定して有効に活用することが支店長として大切なことでしょうね。いろいろなアイデアや戦術を生み出すシステムと、そのプロセスを通じて自分たちが自ら関与して編み出したという参加意識が、戦術の実行面にも大いに反映してきます。

上から指示されたものに対して「ハイ、やりましょう」ではいま一つ意欲も湧かないけれども、自分たちで考え、討議してできてきたものは、それはもう自分たちのものになっているわけですから、そこに参加意識（パーティシペーション）という心理が働く。そのへんをうまく演出、プロデュースしていくことが支店長の仕事だろうと思います。

一つの例ですが、「個人の積立を増やすには」のテーマでブレーンストーミングをやっていたときのこと。あるメンバーが「短期の目的積立は歩留りが悪い。長期の積立でお客さまに夢を売った方がいい。たとえば、アパートやマンションに住んでいる人には、一戸建ての新築家屋が一つの夢じゃないか」と発言した。

そこで、得意先係に3500万円前後の建売住宅のパンフレットを持たせて「奥さん、一戸建てはいいですよ」というセールスをさせた。

すると、「でも高いでしょう」「いや3500万円ですよ。ですから、頭金はやっぱり1000万円くらいほしいですね」「そうね」という会話がありますね。

そこで切り込む。「頭金1000万円だと、毎月15万円ずつ積立てると5年でたまります。500万円だったら7万5000円ですよ」と。ピアノの先生とかお茶の先生なんかをやっている奥さんなんかの場合だと、月に7～8万円は積めるわけです。

お客さまに夢を差し上げると、1000万円貯めたいということが出てきますし、結果的には5年ものの積立が面白いようにいただくことができました。これも目的積立の一種かも知れないけれど、一戸建てとか子供の教育とか、家庭の夢を一緒になって実現しましょう、共同作業でやりましょう、というセールスでいくと、金額も大きくなるし、期間も長くなるんですね。

満期管理からでも顧客ニーズは創造できる

——そういう事例は沢山あるんでしょうね。

山崎　満期管理についても、こんなふうにヒントを与えてみました。

「満期管理というと、今月はいくら落ちる、来月はいくら落ちる、と落ちることばかりに目が行ってしまう。つまり、マイナス心理が働いているから、結果的に落ちてしまうんだ」と言いましてね。〝攻撃は最大の防御である〟という昔から言われているスローガンを店内に貼ってムードづくりをやった。

たとえば、来月どこそこに500万円の満期がある。「これを何とか継続して下さいよ」と言ってペコペコ頭を下げていると「そうか、500万円使えるのね」というようなことになって、結局落ちてしまう。

むしろ、さっきの話のように「奥さん、3500万円の一戸建ては魅力があるでしょう。そのための頭金1000万円には、あと500万円ですね。これを3年でやりましょうよ」というふうに攻めていくことですね。

不思議に、落ちるどころか増えていく。「増額書替」と言っているんですが。「攻撃は最大の防御」ですよ。面白いですね。

目標達成への戦略・戦術がアイデアを生み出す

――そういうノウハウを支店長が持っていると強いですね。

山崎　そうですね。方針や戦略だけ示して部下の尻を叩いても、業績はなかなか伸びるものじゃありません。支店長が戦術にも強いと伸びるんじゃないでしょうか。

支店長にはいろいろな経歴の人がいます。本部出身で初めて支店長になったような方もいるでしょうが、そうしたノウハウというのは経験だけからくるものではありません。決して特別なことではないんですね。ブレーンストーミングにおける参加意識にしても心理学の分野の話ですし、別に金融論や銀行論に出てくるわけではありません。

いまの時代に、アパートやマンションに住んでいる主婦の方々はどんなニーズを持っているのか、これもじっくり考えれば誰にでも分かる話なんです。

だから、経験があるかないかではありません。担当者のレベルでも考えてもらうが、支店長自身が考えることが大きな意味をもってくるわけです。

目標を達成するために、どういう方針を立てるか、戦略をどう展開するか、そのためにはどんな戦術が有効か、というところまで下していったところにアイデアは生まれるんだろうと思いますね。

目標達成のために本気で取組んでいると、いろいろ創意工夫が生まれ、アイデアが次々に出てくることに驚きますね。

あなたのそばに

同じ時代に生れ
同じ日本に生れ
そうして、何のゆかりか
いまこの書物を通して
親しくわたしと交わるあなた
かりそめならぬえにしかな
偶然とは解したくない
まだ見ぬあなたがなつかしい
わたしの心霊は
いまあなたのそばにゆく

(詩集『権威』より)

金融専門誌紙は〃アイデアの宝庫〃

預金増強運動もアイデアしだいでより盛り上がる

——前回に引続いて、戦術面での成功例を伺えますか。

山崎　そうですね。K支店のケースですが、かなりの不振店でした。どこから手をつけたらよいか、1週間考え抜きました。やはり、ベースになるのは定期預金。そこで「定期預金予約書運動」を全員参加で盛り上げよう、と考えました。

　たまたまテレビを見ていて、近頃、クイズ番組が多くなったなと思いました。NHKの人気番組「連想ゲーム」なども視聴者が参加できる面白さがある。

　そうだ、クイズを入れてみよう。そこで「定期予約書」の上部に、アンバランスなほど大きく「30・$\frac{1}{21}$・350」と数字を刷りこんでみました。

　お客さまを訪問して、これを差し出すと「この30は何だい」と聞いて下さる。「何だと思いますか」「おかげさまで開店30周年」とクイズ問答が始まる。

「次の数字は」「県内で当行支店が21店……」という具合い。

「ところで社長さんとのお付合いは何年になりましょうか」「そうだな、かれこれ20年にはなるかな」「エーと、20年の場合は、定期500万円、お願いすることになっていますので」と、ボールペンを差し出す。

「ヘェー、そんなことになってるの、みごと、引っかかってしまった」と、にが笑いしながらもサインして下さる。

これなら、駆出しセールスマンでもできるんですよ。アプローチなしで、いきなりクロージングに持っていけるのですから。実際に、新人の得意先係が300件、2億円弱を獲得してきたのには驚きました。

支店全体で1800件、14億円の成果でしたから、1件当り78万円。これも、依頼額は「大きく切り出せ」と指示し、得意先は300〜500万円、店頭でも100万円と切り出したせいでしょうか。

アイデアに対する真剣さが差を生む

——山崎さんのスローガン「明るく大きく」を地で行ったようなお話ですが、アイデアを生むヒケツでもあるのでしょうか。

山崎　特別なことは何もありません。しいていえば、問題意識の強弱とでもいうことになりましょうか。

困って困って、どうしたらよいか、追いつめられると、情報感度が高くなるようですね。人の話を聞いても、新聞雑誌を読んでも、何か問題解決に役立つアイデアはないかな、と探している。情報のアンテナを高く張っていると、ピンピンとアイデアをキャッチできる。

そう言えば、『近代セールス』や『バンクビジネス』など金融専門誌や週刊業界紙の記事から、ずいぶん多くのアイデアをいただきましたよ。以前本部にいたときなどは、赤エンピツ片手に切り抜きをやりました。支店へ出てからでも、このスクラップが大いに役に立ちました。

いま、どの金融機関でも収益確保の旗印を掲げていますね。その収益向上の決め手ともいえる個人向けローンの推進なども業界誌(紙)を丹念に読めば、いろいろな推進方法がキャッチできます。

要は、情報収集、アイデア吸収に、どれだけ本気か、という真剣さが差を生むのではないでしょうか。

それと「自行内のトップ店に学べ」ということをよく言いました。たとえば「年金」で実績トップの僚店に役席者と推進担当者を派遣する。「アタマを下げて教わっていらっしゃい」というのです。

ミサワホームの三沢社長も、「情報には頭を下げよ」と言っておられますね。アタマを下げれば、たとえライバル店であっても、いろいろ教えてくれるものですよ。トップ店というのは、あの手この手の工夫、努力をしていて感心させられます。

いただきっぱなしでは申し訳ないので、当方からも、別の面でアイデアを提供することも大事なことですね。

部下は戦略・戦術に強い支店長を求める

――これだけ競合が厳しくなると、「よきにはからえ」型の殿さま支店長では、とても勝てなくなりますね。

山崎　支店長というのは、第一線の部隊長ですから「実戦に強い」ことが大事です。いつまでも「オレは本部畑」とか、言っているようではダメです。

戦いの現場では、強いリーダーについていくのです。部下行員は、戦略にも戦術にも強い支店長についていくのです。

いろいろヒントを与えながら、第一線行員からアイデアを引き出す力量が必要です。それと同時に、自らもハウツウを生み出して支店をグイグイ引っぱって行く馬力が欲しいですね。

一般に、支店長の読んでいるものは教養的なものが多い。また金融・経済に関するものはマクロ的なものが多いようですね。これはこれで大切なことだと思います。人間的魅力と見識が問われる支店長職なのですから――。世界の中の日本、金融の自由化、円ドルの問題をはじめ、十分な見識を持っていなければいけない。

しかし、一方、支店長は支店経営のプロなのですから、利益を上げるためにどうしたらいいか、そのノウハウを得るための勉強も大事なことでしょう。

ちょうちんを持つわけではないですが、専門誌（紙）を、もっと熟読なさるよう、お勧めしたいですね。〝アイデアの宝庫〟ですから――

今のままで

お前は
たしかに生れた
何のために生れたのか
お前は
たしかに生きている
何をすればよいのか
お前は
たしかに死ぬ
今のままで
死んでもよいのか

（詩集『権威』より）

第3章●支店長の営業戦略

中小企業のニーズをつかむ法

コンサルタント能力がなければ中小企業に食い込めない

――資金需要の変化で各金融機関とも中小企業取引に力を入れていますね。

山崎　確かに、都銀なども中小企業比率を高めようと懸命になっていますね。これは大企業の資金調達の多様化、そして中小企業への融資効率が高いという背景があるからでしょう。

　K行のように〝中小企業専門都市銀行〟を掲げるところも出てきました。それだけに従来の専門機関は守勢に立たされて、厳しい状況にあるようですね。でも結局は、経営者は〝役に立つか、立たないか〟のモノサシで金融機関を選択しているのですね。

　当たり前のことですが、これはすべての商売について言えることでしょう。お客さまのニーズは何か、ウォンツは何か。これをすばやくキャッチして先手を打っていけるかどうか、これが勝負の分かれ目でしょう。

　ですから、これからの金融機関の人間は支店長以下、コンサルタント能力というか、アドバイス能力がなければ伸びていけませんね。

――忙しい営業店の現場で〝コンサルタント能力〟

なんて言われると困ってしまう人はいませんか。

お客さまの声は〝神様の声〟と思って聞く

山崎　コンサルタントと言ったって難しく考えないことですね。私は支店長時代に朝の営業ミーティングで「二つの目をもて」と話していました。二つの目というのは「お客の目」と「社長の目」のことです。

「自分がお客だったらどうするか」もうひとつは「自分が社長だったらどんな手を打つか」ということです。

「皆さん、日曜日など奥さんのお供をしてスーパーやデパートを回ることがあるでしょう。そのときお客の立場でこの店は感じがいいとか、悪いとか、それはどうしてか、と考えるでしょう。品揃えは、サービスは、値段は、店構えは、立地条件は、とか。寿司屋でもソバ屋でも。その都度ちょっとメモをする。

習慣になって何年か続けていると商売のポイントがわかってくるから面白い。

そんな体験談を商店や飲食店のご主人に話してみることだよ。社長が一番知りたがっているが、なかなか聞くことができないのが『お客さまの声』つまり『神様の声』だものね。

成長する会社、意欲的な経営者ほど、おべんちゃらよりも、そんな話を聞きたがっている。そこから、どんな店づくり、会社づくりをしたらよいかのヒントをつかむ。だから〝よいところ、直すべきところ〟を率直に話すことだ。できれば『私ならこうする』と改善案を話してみたらどうだろう。私たちはユーザーであり、消費者でもあるんだから、いつもそんな意識をもちながら街を歩き回っていれば、自然に能力が身についてくるんだ。ことさら、難しい本など読まなくても、アドバイスできるんだよ」

こんな調子で話していると、中には興味をもってきて、さらに深いことを知りたいと思うのでしょうね。業種別に専門書を読んで社長を感心させる、なんてのも出てきましたね。

社長の考えを知るチャンスはいくらでもある

――なるほど、それなら誰にだってできそうな気がしてきますね。

山崎 中小企業の開拓をすすめているとき、担当者が「どうしてもあそこはムリですよ」。その理由を聞くと「資金需要がないんですよ」と言う。誰がそんなことを言ったんだと聞くと、「経理課長がそう言いました」「経理部長も、同じようなこと言ってました」なんて言う。

そこで、私は経理課長や経理部長に「資金需要はありません」と言われて「へい」と引下がってはいけませんよと言う。

「社長は別なことを考えているはずだ。中小企業では、社長は図抜けた存在です。社長はいつも3年先、10年先のことを考えている。この会社をどうしたらいいかな。あの新製品が軌道にのったら工場を増設しなくてはいけない。いまの所じゃ狭すぎる。3000坪の工業用地はないかな、とか。

その場合に資金調達が必要だけど、いま取引中の銀行、あるいは信用金庫じゃちょっと不足だな、もうひとつつくらい増やそうかな、あるいは1行取引だとどうも金利が高どまりのようだから、もうひとつ加えて競合させようかな、とか、いろんなことを社長は頭の中で考えている。そういうことは、経理課長や部長の段階までは流れてこない。じかに社長の胸の中を探ってみると、外から眺めたのと全然ちがうんだ。中小企業は社長だ、社長に当たれ」

こんなことを言うと「支店長代理の肩書じゃ社長は会ってくれませんよ」とくる。「支店長の代理じゃないか、その肩書きで不足はあるまい」なんて一応言ってはみますが、相手の言いたいことは承知の上。

そこで「よし、今度一緒に行こう。だがね、社長に会えなくても、社長の考え方やニーズを知る方法はあるんだよ。社内報か社内新聞をちょっと見せてもらうんだ。できれば新年号がいい。社長の〝年頭の言葉〟とか〝新年の抱負〟なんてのが載ってるはずだ。その中から多くのヒントが得られると思うよ」

その日の夕刻の話。「支店長、本当ですね。経理の若い人が貸してくれました。社長の話の中に主力製品のAはもう売行きが横這い。今年度は新しく開発したB製品に重点を置く、とありますよ。この販売促進なら本部の応援を得てお客を紹介できそうだし、おもしろくなりますよ」

相手のニーズが分かれば取引は半分できたようなものですね。

これがために

たしかに生まれた
必要だからだ
たしかに生きている
まだ用事があるからだ
「われこれがために生れたり」
はっきりと
そう言えるものを
つかんだか

（詩集『権威』より）

戦略発想は的確なマーケット分析から

ビルの屋上から周囲を見ると戦略が生まれる

――新しい支店に支店長として赴任したとき、とくに業績が不振な支店などの場合は、ちょっと刺激を与えることも必要になるでしょうね。

山崎　私がT支店に赴任したときがそうでしたね。ちょうど1週間目でしたか、「朝の営業会議はヤメ、全員屋上に上がれ」と言ったんです。

たまたま当時T支店は11階建てのビルに入っていて、その地区では最も高い建物でしたから、支店の周辺が手にとるように分かるわけです。たとえば、T駅周辺には予備校の看板がいくつも見える。

それを指差しながら「当店は予備校との取引はどのくらいあるんだろうか」「それは少ないね、いま予備校ブームだよ。20～30億円ぐらいは集められるだろうね」などと話し合う。

そして「予備校全体を一つの大きなマーケットとして想定して動いてみたらどうだろうか」と提案してみるわけです。

それから今度は別な方向をながめてみます。「あの川沿いにあるT製薬はどこがメインかな。A行とB行が並列か、あそこに何とか食い込めな

「その反対側にあるS製薬とT薬品は近々埼玉県に移転するらしいね。その後はどうなるのかな。このあたりは準工業地帯だから、マンションがいくつも建ちそうだな。マンションを建てるにはどうしたらいいのかな」

「いっそのこと、そのプロジェクトをうちで推進してみようじゃないか」というように次から次に話が発展していく。

しかも、みんなが支店長になったような気分で、まったく新しい戦略発想でワイワイ言いながら30分もやっていると面白くなってきますよ。

得意先係は毎日、地上をはいずり回って、どこに行っても断られているような感じがしている。しかし、屋上からみるとなかなか面白い街じゃないか、と考える。こういう大きな戦略発想が支店長だけじゃなく、次長以下若い担当者に至るまで一つのコンセンサスとしてまとまってくるんですね。

こういうのが、支店の活性化ということではないでしょうか。

建設会社に電話でアプローチしたら早速反応があった

――マンション建設の話は、その後どうなりましたか。

山崎　得意先係の連中も最初は半信半疑のようでしたが、どんどん話をすすめていったわけです。

「マンションを建てるとして、うちの取引先にそういうところはあるだろうか」

「いえ、うちの取引先の工務店は3階以上は建てたことはないですよ」

「それじゃ上場クラスだな、大手もいいけど、あまり預金はしてくれないよ」――

結論としてM建設にアプローチしてみようということかな」

うことになった。早速電話をかけて、経理部長につないでもらい、事前に「会社四季報」で仕入れたネタを交えて話をしたわけです。

「お宅さまではマンションの建設もなさるんでしょうか」と聞いたら「それはもちろんですよ」と言う。

「ああ、そうですか、お宅は土木が中心のように考えたものですから」と言うと、ますます関心を示してくる。

「実は、私もまだ着任して半年なんですけど、当店の店周地域には実現したいマンションのプロジェクトが沢山ありましてね。しかし、残念ながら私どもには工務店さんクラスの取引はあっても、ゼネコンさんとはお取引がないものですから……。私どもも商売ですので、ゼネコンさんをご紹介して、また預金のご協力もいただきたい」

こう言ったら、早速営業部長を指し向けますなんて言って飛んで来られた。そのときは、まだ紹介できませんでしたが、その翌日、経理部長が通知預金を5000万円持ってこられました。たまたま私は外出中で、お礼の電話をかけたらこう言うんです。

「一度あなたの店を見たいと思って来てみたら、わりと大きな店だったので、とりあえず5000万円預金しました。仕事を斡旋していただければ、これを定期にして、工事代金についてはすべて普通預金にさせていただきます」

結果的に7億5000万円の仕事を紹介しましたから、5000万円は定期になりましたし、平残3億円が普通預金になりました。

先入観にとらわれず 要は相手のニーズをよく知ること

——なにか、うますぎるような話ですね。

山崎 本当にね。結局、相手のニーズが何かをよく知っていたから、うまくいったんですね。たとえば、会社四季報には、M建設は土木と建設の比率が7対3になっているが、社長はこれを5対5までもっていきたいと考えている、という情報が載っている。

また、日経の「会社年鑑」には銀行借入の状況、バランスシートも載っている。預金・債券の額や、金融収支がバッグンによいことも分かるんですね。

ただ、あそこはC行とD行がメインだから俺たちが行っても歯がたたないだろうという先入観にとらわれている。そこで明るく大きく、スケールの大きい考え方をするかどうかが分かれ目になってきます。

「相手のニーズを的確につかんでサービスを提供すれば、取引開拓は必ずできる」

そういうところも支店長がまず手本を示して、みんなを引っぱっていくことが大切じゃないでしょうか。

欠《けっ》　陥《かん》

欠陥がみえる
なんとかしたい
自分でできる
しからば
その欠陥に身をなげよ
それがおん身の使命である
欠陥より欠陥へと
身をささげる生涯が
使命より使命への
充実したる生涯である

（詩集『権威』より）

明るく大きく地域再開発を仕掛ける

製糸工場の跡地に 駐車場つきのSC誘致を提案

——N支店で大型スーパーを誘致し、地域再開発を仕掛けたときの話をしていただけませんか。

山崎　あれは48、49年のころです。私はN支店長に着任して地元の北側商店街に挨拶に回ったとき「商店街が寂れてどうしようもない。支店長、何かいい知恵はないでしょうか」という話が商店会長からありましてね。

「そう言えば、駅南側に比べて北側の商店街は人もあまり歩いていないようですね。皆さんと勉強会でもやりましょうか」と言ったのがキッカケでした。

勉強会には商店街の幹部や青年部の人たちが集まってくれまして、夜の7時ごろから11時ごろまで何回もやりました。

こっちは単身赴任ですし、社宅に帰っても誰が待っているわけでもないので、ビールでも飲みますか、という感じで深夜に及んだことも結構ありました。

商店経営というのは、いい品物を安く提供すれば繁盛するというのが一応の理屈ですが、人通りが少ないところでいくらサービスを良くしても限界があるんだから、まず人を歩かせようということになりましてね。

そのためにはどうしたらいいのか、というわけです。私も商店会の会長になったつもりで考えてみた。その結論が、人の流れを変えるだけの大きな力をもった存在がなくちゃいけないということでした。

たまたま、商店街のはずれ近くに製糸会社の工場があった。ほとんど休眠状態でしたが、敷地が約一万坪ある。ここに大型のショッピングセンターでもこしらえたら面白いんじゃないかと思いましてね。

と言うのは、駅南にはF百貨店やS百貨店、さらにショッピングセンターもあって、土、日になると近隣から沢山の人が自動車で出てくるわけです。ところが、駐車場のスペースがほとんどない。

だから、その1万坪の土地に2000台止められる駐車場つきの大型ショッピングセンターを創ってみたら、と提案してみたところ「そんな大ぶろしきを――」

「いや、それは面白い」ということで始まったんですね。

大型店誘致のネライは見事なまでに的中した

――実際の誘致活動にも支店長として動かれたんですか。

山崎　ええ、推進役の商店会長と一緒に、まず土地の所有者を、次いで市長、商工会議所、地元の有力者に働きかけた。

一方、核店舗としての大型店誘致は東京へも出かけて、いくつかの候補の中で、イトーヨーカ堂がまず決まりました。これで約100の専門店の進出が具体的になりました。

ちょうどその頃、支店開店10周年でしたが、商店街から感謝状を差し上げたい、と申し出がありました。「私は銀行の支店長としてやらしていただいていることですから、銀行宛に下されば有難い」と申し上げたら「銀行へのほか、支店長個人にも」とまで言って下さった。

文面には「貴殿は当地着任以来、商店街発展のため積極的にその育成に努め、とくに大型店進出を伴う地域開発の対策指導に尽くされたお力は誠に大なり。本日ここに――」

有難いこと、と大切に保存してあります。日付が49年9月になっていますから、着任して1年9カ月たったころですね。

やがて東京へ転勤となりましたが、それから5年後、商店会からうれしい招待状をいただきました。

「おかげ様で県内でも注目の大ショッピングセンターIプラザが完成しました。これまで南側に集中していたお客さまが北側の新しいショッピングセンターに車を止めて買物をされるようになりました。人の流れが変わり、当商店街の人通りも多くなりました。かつての状況とはビックリするほどの変わり方です。つきましては、ぜひ一度ご来訪下さい。お待ちしています」

これには大変感激しました。いまになって考えると、地域が発展しなければ銀行も伸びないということなんですね。

現在、N支店が順調に伸びているのを見ると、長期的な観点からは地元の発展に微力を尽くしたのかな、とも思います。

キッカケづくりが商店街の発展につながった

――これだけ大きな話というのは一代の支店長では完了しないんでしょうね。

山崎　はい、私が在任中やらせていただいたことはキッカケづくりであって、完成に至るまでには地元の商店街や有力者の方々、そして後任の支店長など皆さんの尽力があったのです。それでも「あのときの勉強会がキッカケ」と評価して下さるのは有難いことです。

そういう支店長としての動き方が結果的には地元商店街の発展、そして銀行の発展につながるという実例として何かご参考になれば嬉しいですね。

「明るく大きく考えよう」と「熱意こそ人を動かす」が私の二つのスローガンですが、この体験で、ますます自信を深めました。「明るく大きく」は、地域社会が明るく大きく発展していくために、大きなスケールで発想しよう、ということでしょうか。

それにしても、店を去って何年かあとに、いい結果を聞かせていただくのは嬉しいことですね。

尊《そん》　重《ちょう》

私には私にかぎる使命がある
それだから
私は私を尊重する
あなたにはあなたにかぎる使命がある
それだから
私はあなたを尊重する
万人《ばんにん》に
皆それぞれの使命がある
それだから
私はたれでも尊重する

（詩集『権威』より）

本部の企画力を上手に活用する法

商店街の活性化をテーマに全国キャンペーン

――前回のN支店で商店街開発のキッカケづくりをされた話には、その前提となるような本部での経験があったそうですね。

山崎　ええ、本部の業務推進部にいたときのことですが……。〝商店街の活性化〟をテーマとして全国的なキャンペーン活動を展開していきました。

このキャンペーンは「商店街のためのお客さま(消費者)調査」と名づけ、支店所在地を中心に全国で約50地区、商店街の数としては200を超える、かなり大がかりなものになりました。

約3年の間、商店街幹部との打合せ、調査の実施、発表会、と実に貴重な体験でした。

この調査の大きなネライは何といっても、それぞれの支店と商店街、また個々の商店との取引をより深めたい、ということでした。

そこで、商店街のニーズは何かをみんなで考えてみた。いまから20年前ですからスーパーという名の大型小売店が登場しつつあり「流通革命」とか「小売革命」とかいう言葉が聞かれるようになっていた。

そういう時代的背景もあって商店主は、どうしたらお客をガッチリつかめるか、商売は繁盛するか、そこに大きな関心があるはずだ。

商店に代って消費者のニーズを探ってみよう、と考えたわけですね。

この調査はパブリシティを意識して展開したため、NHKをはじめ、朝、毎、読、日経、サンケイ、地元各紙に大きくとり上げられました。

新潟では290人、浦和は450人
全国で1万人を超す参加者

――全国を回ってみて、どの都市が一番印象的でしたか。

山崎　新潟でしょうか。9月の初めの、台風で県下各地で大被害が出た翌日の発表会でしたから。フタを開けたら、290名の参加でホッとしたことを覚えています。

商工会議所の会頭は「本来はうちがやらなくてはならない調査を銀行さんにやっていただいてありがとうございました。新潟はいくつかの商店街に分かれて競争しているが、これだけの商店主が一堂に会したのは初めてじゃないでしょうか」とあいさつされました。

地元有力紙N日報の後援ということで、調査の経過は逐一、同紙が写真入りで報道してくれました。ですから、これだけの方々が集まられたのでしょう。

調査結果のあと「これからの新潟商店街のあり方」と題して1時間半の講演もさせていただきました。これもN日報が連載してくれました。発表に先立っての支局記者との共同インタビューも初めての経験でした。

各地での発表会の盛況は、支店長をはじめとして役席者、得意先係が分担して有力商店主への招待状を持参したことが大きいと思います。ふだんだったら、会っても下さらないような最有力の商店主から「長男の専務も連れていきたいから、もう一枚下さい」という嬉しい申し出もありましたからね。

発表会のあとはアプローチがスムーズで、それをキッカケに商店取引数が飛躍的に増加しましたね。

一番盛会だったのは浦和市で、会場は埼玉会館でした。2月の大雪の日にもかかわらず、450名の商店主が集まられ、熱心に聞いて下さいました。

全国50ヵ所での発表会の参加者人数は1万名をこえました。

本支店一体となった戦略展開が必要になっている

——そうした経験がN支店長のときに大いに役立ったわけですね。

山崎　そうかも知れません。嬉しかったのは、日本経済新聞企画調査課長の八巻俊雄さん（現東京経済大学教授）が専門誌で、こんな評価をして下さったことでした。

「T行のこのキャンペーンはオリジナリティに富み、全行員の支持を得、かつ内容でお客の利益にもなる、という点で、まさにPRキャンペーンのモデルともなり得るものである。

この調査は日本経済新聞にも広告として掲載され、これに対する問合わせや資料請求が絶えない。

この総合キャンペーンは今までの銀行PRにみられないオリジナリティがあり、マスコミにも受け、かつ全行員、とくに銀行のPRは支店ごとに行われることが好ましいという条件にぴったり合う。

また広告とパブリシティ、広告関係セクション（業務部）と第一線セールスマンの連携動作を作り上げ、セールスプロモーション（販売促進）としての効果を挙げ得たのである。

目標が明確であり、かつ対顧客PRということで、関連セクションだけでなく、ほとんど全行員を参加させることに成功した注目すべき事例である」

嬉しかったですね。ありがたいと思いました。何よりみんなの大きな励みになりました。いま振り返ってみますと、何とか成功させていただいたのも〝商店街のためにお役に立つお客さま調査〟だったからでしょうか。

これからの時代、営業店がそれぞれの立場でアタマを使い、カラダを動かしてガンバルことはもちろんですが、本部の企画力も大事になってきました。そして本支店一体となっての戦略展開が必要でしょう。

と言っても「お客さまのニーズ（悩み）」抜きにしての成功はないでしょうね。ご紹介した事例が何かのご参考になればうれしいのですが――

集《しゅう》　中《ちゅう》

人生の価値は内容にあり
内容充実の秘訣《ひけつ》は各瞬間の集中である
集中には六つの条件がいる
　集中しうる健康
　集中の習慣
　適当の順序
　適当の方法
　価値の認識
　それに対する信仰
集中の鍵《かぎ》をにぎった者のみが
永遠の人生に勝利をしめる

（詩集『権威』より）

第3章●支店長の営業戦略

「それでお客は満足か」を追求する

〝お客さま第一〟の姿勢が収益を生む

――山崎さんは『実戦・支店長』の中でも、収益の源泉は〝顧客第一〟の姿勢から、と書いておられますね。

山崎　もう10年も前になりますが、ある工場を案内されたとき、天井からぶら下っている大きなスローガンに目を引き寄せられました。そこには「それでお客は満足か」と書いてあったのです。事務室にも守衛室にも同じものが――。

この会社を含めSオーナー率いるこのTグループのめざましい発展のヒミツが、これで分かったように思いました。

Sさんは「お客を喜ばせ、満足させてくれた社員に心から感謝します。そのお客に代って社員に給料を差し上げているのですよ」。そして「この厳しい競争に勝ち抜いていくには、どこにも負けないサービス以外ありませんね」と話されました。まったく同感ですねえ。

私どもを取り巻く金融環境は大激変ですね。この大きな変化の時代にあって大切なのは〝変わっていくもの〟と〝変わらざるもの〟をしっかりと見つめていくことでしょうね。

〝変わらないもの〟または〝変わってはいけないもの〟のひとつは「お客さま本位」の考え方でしょうね。

こう申し上げてもピンとこないかも知れません。会社・商店はもちろんのこと、金融機関の支店長会議でも頭取、社長、理事長の訓辞の中で必ず出てくるのが「顧客志向」ですからね。〝建て前〟はそうであっても、実際のところは、どうでしょうか。

銀行もタジタジのS信金の強さ

――〝お客さま第一〟を実行している金融機関のケースを紹介して下さい。

山崎　私が都内のT支店長に着任して3カ月目、会社・商店の新規開拓を始めたときのことです。

まず対象先を選定。2週間の中、3回以上訪問。そしてミーティング。ここで担当者より報告をきき、ABCの評定をしてもらう。Aは見込あり、Bは継続訪問、Cは訪問中止、つまり対象先よりはずす、というものです。Cについてはとくに「なぜダメなのか」をききました。

すると「あそこはS信金がメインですから」というのが、いくつも出てきました。「なぜ」と聞きますと「S信金のお客は動かないんです」という。

こういう答えは私は気にいらないのです。会議室には私のセールスマン信条が掲げてあります。「販売は断られた時から始まる、エルマー・レターマン」

ミーティングが終っても、さきほどの「S信金」が気になってしようがない。そこで担当者を呼び止めて「その先に連れて行ってよ」と頼んだのです。

訪問して名刺を差し出しますと、その社長は担当者に向って「キミ、支店長連れて来たってダメだよ。先日も話しただろ、他の銀行に代えるつもりなどないのだから」とキツイ調子でいわれるのです。

私は「いいえ、今日はお取引のお願いに伺ったわけではありません。実は信金さんへのご信頼がこれほど強いということに、同じ金融機関の責任者として感じるところがあったのです。今日はそこを学ばせていただきたいと思いまして」と申し上げると「まあ、おかけなさいよ」と表情を和らげて、これまでの経過を話して下さいました。

「この5階建のビルだってS信金の支店長のおかげだよ。ある日やってきて、いきなり〝社長、この店5階建にしましょうよ〟って切り出すんだ。翌日には大きな風呂敷包をかかえた男を連れてきた。

〝この人、設計事務所の所長さん〟と紹介して、拡げた風呂敷の中からビルの模型が出てきた。しかもA案、B案、C案と3つも模型を作って私に選ばせたのだね、まあ、ついつい乗せられたというわけだが、いまでは女房ともども感謝しているよ。金利も精いっぱい勉強してくれたし、建築屋からテナントの斡旋まで一切面倒みてくれたS信金のおかげですよ」

もう1軒の見込先は洋品店でした。

「S信金さんには足向けて寝られませんよ。実は息子のことですよ。大学出たら〝オヤジの仕事は継がないよ〟って宣言して会社づとめを始めた。それなのに3年で会社をやめてブラブラしている。毎日が親子ゲンカでした。

この頃、長期運転資金の借入を申し込んだら〝ご長男も一緒に来て下さい〟といわれた。当時は金融が詰っていて借入が難しかった時。支店長は息子に向って〝洋品店の仕事にはあなたのような若い感覚が必要なんです。ヤリ方次第ではグングン伸びます。あなたにヤル気があるのならウチは喜んで応援しますよ〟と言ってくれました。

あの支店長の一言で、息子は仕事に身を入れるようになりました。もう安心です」

感銘をうけましたね。地元密着、お客さま第一を地でいくような話でした。

トップ訪問年400回を超える地元密着人生相談までも

――S信金は全国の信用金庫の中でもトップクラス、業績も好調ですね。

山崎　これには後日談がありましてね。私が6年半まえに金融研修センターの仕事を始めたとき、講演依頼の第1号がなんと、そのS信金からでした。不思議な〝ご縁〟と思いました。

初対面のT理事長さんが黒い服に白いネクタイをしておられたので「今日は何かオメデタイことでも」と伺いますと「ハイ、今日は午後の結婚式に出ましたが、これからネクタイを代えてお通夜へ参ります。私は10人以上のお集まりへの参加は回数にして年間400を超えましょうか」と話されました。

「私は地元のみなさんと話をするのが好きなんですよ」と笑われました。いただいた名刺には「お買物は地元で――」と印刷されていました。

このS信金はお客さまのニーズを先取りして次々にユニークな商品、サービスを提供しています。

融資期間が50年という超長期ローンは、後継者のいる地元商店主に歓迎されていますが、変わっているのは〝人生は愛〟のキャッチフレーズで地元住民に開放されている「心の相談室」でしょうか。研修会館を使用、専属のカウンセラーを置いて夫婦の問題、子供の問題なんでも承りましょう、というわば人生相談所ですね。

この徹底した顧客第一、地元密着の姿勢が高収益を生むのですね。

もう一度商売の原点に立ち返って問い直してみたいものですね。「それでお客は満足か」と――。

交際費を上手に使う法

●知恵作戦の具体策

支店長はカッコいいポスト、と思われているらしい。そのひとつに、専用車と交際費があるらしい。自分の裁量で交際費を自由に使えたら、どんなに楽しいことだろう。

ところが、現実にはどうでしょう。経費節減、まっ先にヤリ玉に挙げられるのが交際費。その貴重な枠も中元、歳暮の贈答品で、大部分を食われてしまう。残りが、いわゆる支店長交際費、タメイキが出るくらいの額である。

さればこそ、アタマを働かせて、有効に使わねばなるまい。とは言うものの、これは支店長の考え次第、いやお好み次第。「有力なお客さまAさんもBさんもゴルフがお好き」とは言うけれど、支店長自身がゴルフこそ生き甲斐というケース。「オレ、ゴルフはダメだ。酒と女とカラオケならば」の支店長のケース。いろいろ、あらーな、というわけ。

私の成功したケースを紹介する。

●ヒルめし

優良客はいつも多忙。ヒルめしだったら気軽に応じて下さる。時間も一時間半くらいで当然二次会はない。これで、結構親しくなれるし、ビジネスライクでと喜ばれる。一流レストランや料亭でも、ヒルめしは経済的なお値段。

●名入りタオル

億を超える純預金先。建設会社の社長さん。応接間に通されたとき、その一隅に、なんと高級ウイスキーがヤマと積まれてホコリをかぶっていた。そこで東京青山のタオル専門店へ。社長と夫人のフルネーム刺しゅう入りバスタオルを頼む。12月24日「メリークリスマス！」とお届けしたら、目の前で広げてみて「あらぁ、さすが！　センスいいわねえ！」と社長夫人。

●バラの花束

5000万円超の78歳のおばあちゃま。2カ月に一ぺんの訪問のときは「バラの花束」20本3000円。「いろんな銀行の人がくるけれど、あんたがいるあいだは絶対浮気しないわよ！」なんと嬉しそうな、おばあちゃまの笑顔！

●シクラメン法人預金

市価の半値で、シクラメン50鉢を仕入れる。12月1日経理部長（課長）の机の上にドカンと置く。「12月貴社への期待額〇〇円」なるペーパー入り封筒を添える。深々と最敬礼、ニヤリと笑って静かに立ち去る。これで12月法人預金平残アップ奏功。

どうしたらお客さまは喜んで協力して下さるか、いろいろアタマをしぼり知恵を出してみよう。

第4章

支店長のコミュニケーション能力

——職員を動かし、お客を動かす——

支店長の「聞く力」が部下の心を開く

トツ弁でもいい 誠実さと熱意があれば

――今回は、いわゆる〝支店長のコミュニケーション能力〟について伺いたいと思います。やはり、支店の活性化を図っていくためには、このファクターが重要なんでしょうね。

山崎　支店長に必要とされる能力はいろいろとありますが、ご質問の〝コミュニケーション能力〟というのが一番大切じゃないかと思います。

　支店長が自分の考えていることを組織の末端の一人ひとりに至るまで正しく伝えることができれば、その組織は「燃える集団」となってくるでしょうね。

　たとえば松下幸之助さんがいい例ですね。松下さんは、創業以来ご自分の考えていることを社員一人ひとりに、分かりやすい言葉で語ってこられました。

　また身近な事例をひいて、説得力ある文章を多く書かれました。だから社員だけでなく、販売店や消費者に至るまで、その考えを広く深く浸透させることができたのでしょう。

　さらに松下さんは聞き上手とも言われています。このすばらしいコミュニケーション能力が、今日の「強い松下」の基盤を作ったと言っても言い過ぎではないと思います。

コミュニケーション能力の中でも大切なのは「話す力」です。

人間としての誠実さと熱意、それに相手の心を思いやる心、これがあれば、たとえ口べたでも、相手の心に訴えることができます。これが「話す力」です。

それに加えて、大事なものが「聞く力」でしょうね。

これによって、相手の心を開くことができます。一対一の対話のときには、まず、相手の話を十分に聞いてあげる。それから、こちらの話も聞いてもらう。この順番をまちがえると、相手の本音を引き出すことはできません。

とくに、支店長をはじめ支店の幹部たる者は、一人ひとりの話を聞き、みんなが一体何を考えているのか、行員のニーズはどこにあるのかをよく把握していなければなりません。

職員のヤル気を引き出すにしても、そのためのデータが必要です。そこに聞く力、つまり相手が心を開いて話せる聞き方というものが、大事な理由があるわけです。

理解者がほしい「分かってくれればいいのです」

——いわゆる〝ヒアリング〟とか〝リスニング〟というものですね。

山崎　そうです。もっと専門的に言うと〝カウンセリング〟能力です。

これは退職希望者とか、昇進昇格が遅れてモラールダウンしている職員との面談などに有効ですね。

カウンセラーにとって、一番大切なことは聞く力、とくに相づちの打ち方です。

批判的に聞くのではなく、相手の言うことを全面的に受け入れよう、理解してあげようという態度が大事です。

「分かって下さればいいんです」こう明るく言って翌日からビックリするほどイキイキと態度が変わったケースがいくつもありました。

忙しい支店長が、そんなことやってられるか、というご意見もあるでしょうが、果たしてそうでしょうか。

支店長にとって、職員の一人ひとりはお客さま。これ以上大切な人はいないと思うのですが……。

ただ、現実の支店では必ずしも支店長が部下すべてと直接対話しなくても、次長や課長という役席者を通じてコミュニケーションを図っていくことの方が多いかも知れません。

人数の多い支店になればなるほど、そうしたコミュニケーション能力が支店長には求められてくると思います。

コミュニケーションの場面設定も支店長の腕の見せ所

――その他、コミュニケーションの場面というのはどんなケースがあるのでしょうか。

山崎　グループ単位で5時を過ぎてから行う勉強会やミーティング、また旅行や歓迎会なども、これは支店によって、いろいろのケースがあると思いますよ。

要は、支店長がコミュニケーションの重要性をどれだけ認識し、どれだけ活用しているか、じゃないでしょうか。

たとえば、私の知っている支店長は優れた業績を残した方でしたが、俳句の上手な人でしてね。その持ち味を生かして、行員の誕生日には、本人の名前を詠み込んだ俳句を色紙に書いて贈っていました。

それをもらった行員は家に持ち帰って家族に見

せますね。寮に住んでいる人は、仲間に見せます。

そうすると、その色紙に支店長の人柄をみんなが感じるわけです。いい支店長だな、とね。「そんなに立派な支店長さんのところにいるんだから、あんたは幸せね。一生懸命仕事をして、支店長に喜んでもらえるようにしなさいよ」という家族のバックアップ――これはもう支店長のファンみたいなものですよ――も、してもらえるようになるんじゃありませんか。

私もこの先輩支店長のマネをして、店が業績表彰をうけたりしたときは「ご家族のみなさまへ」とお礼の手紙を書きました。「ご一緒に喜んで下さい。支えて下さったご家族のみなさまのおかげです。ありがとうございました」

コミュニケーションの方法は実にいろいろあるものですよ。

能《のう》力《りょく》

欠陥ある社会は能力を要求する
現代は能力の時代である
あらゆる社会が能力をさがしている
空位空名は更にかえりみていない
活躍《かつやく》すべき自由の天地が待っている
腕《うで》がふるいたくば
まず能力をつくれ
能力の前には不平がない
わが悲運《ひうん》に泣かんよりは
無力無能の悲哀《ひあい》に泣け

（詩集『権威』より）

なぜリーダーに〝話力〟が大切なのか

〝話力〟の評価が金融機関の評価につながっていく

――山崎さんはリーダー（支店長）の能力のひとつに〝話力〟をあげておられますね。

山崎　そうです。「話術」ではなく「話力」です。私は研修のとき「次長に昇格したら3倍になり、支店長になったら10倍になるものはナーニ？」とナゾかけをしてみるのです。答は「権限と責任」それに加えて人前で話をするチャンスというかピンチも10倍、というのです。

支店長になると朝礼、会議など店内ではもちろんですが、外部活動でも新年会でのあいさつ、ロータリー・ライオンズクラブでの10分、30分のスピーチ、結婚披露宴での仲人あいさつ、主賓、来賓で招かれての〝ひとこと〟など、まさに10倍の機会があるわけですね。

話に自信がないばかりに毎回次長に「頼む、頼む」ではリーダー失格ということになりかねませんね。

N支店でのことでしたが、地元最有力の建設業のご子息の結婚披露宴でした。来賓祝辞の中で都銀上位行の支店長が指名されましたが、５００名近くの参会者を前に上がり気味で、話の内容も通りいっぺんのモンキリ型のものでした。次に立った信金支店長は落ちついた態度で笑みを浮かべながら、父君との出会い、新郎のほほえましいエピソードをユーモアをもって語りました。そして感動的な俳句で短いスピーチをしめくくりました。大拍手でした。

勝負あった、という印象でした。「さすがあの支店長は人柄だねえ」「メインは信金なんだね」などの声が聞かれました。

参会者はそれぞれのスピーチを○○個人としてではなく、○○支店長として受けとっているのですね。そのスピーチを通しての人物評価が金融機関の評価にもつながっていくのですね。

殻を破れば
ラクに話すことができる

――話の「上手、下手」は生まれつきのようにも思えるのですが。

山崎　私も前にはそう考えていました。10代、20代は内気で人みしりする方でしたから。仲間うちでは結構おしゃべりなのですが、人前で話すのはいつも逃げ腰だったんです。

支店長代理になった群馬県T支店でのこと。取引先のF百貨店社長に「店員さんの教育がなってませんね」と文句をいったら「それじゃ、お任せするからあなたやって下さいよ」。こちらもあとに引けないので「やりましょう」ということになった。さあ、たいへん。新入社員50名の前で（女子が大半）「社員の心構え」というテーマ。準備はしたつもりなのに、声は上《うわ》づりノドはカラカラ、笑ってくれるはずのところを少しも笑ってくれない。結果はサンザンでしたね。

やがて本部業務推進部へ転勤、支店への臨店指導、本部内の会議の司会進行など、加えて支店主催の講演会にも講師として引っぱり出される。これは困った。

そんなとき1枚のパンフレットが回覧された。デール・カーネギーコース——話し方能力を高め人間関係を円滑にする——と書いてある。こりゃ面白そうだ、と出かけていって驚きました。

「人間はダレでも人前で話ができるのです。できないのはうまく喋りたいとか、良く見せたいとかの〃気取り〃があるからです。〃殻《から》を破りなさい〃そうすればラクに話ができますよ」と簡単にいうのですよ。

しかし〃生まれつき〃のくちべたがそんな話を聞いただけで直るわけはありませんよね。

「14回のコースの中で第5講はとくに大事です。これをサボった人には卒業証書を上げません」という。その第5講のテーマは「殻《から》を破る！」でした。

あなたのこれまでの人生体験の中で、いま思い出しても腹が立つ、という一番くやしかった思い出があるでしょう。それを話しなさい、という。120秒で。ハチマキをしめ、新聞を丸めた筒をもたされて話しはじめる。あのときのくやしさがよみがえり興奮しながら話す人、涙ながらに話す人、みな「我を忘れて」話しました。私もそうでしたが——恥ずかしさも気どりも忘れ、無我夢中で話しました。みんな驚くほど雄弁でした。

表情も態度ものびのびとし、ひと回りスケールの大きい人間になったように感じました。このフシギな体験まさに「殻《から》を破った」のでした。

全員が話し終ったときクラスの雰囲気がそれまでとまったく違っているのに気がつきました。私自身がそうであったように一人ひとりが何かから解放されたように見えました。

不言実行ではリーダーは勤まらない時代

——それは貴重な体験でしたね。そのデール・カーネギーコースはどこにあるのですか。

山崎　日本では東京・赤坂（℡03—3583—8105）にありますが、アメリカをはじめ世界中に教室をもっています。クライスラー会長の自伝「アイアコッカ」にも話しべたの彼がこれに参加して雄弁になった経過が書かれています。アメリカのトップリーダーは、みんなこのコースの卒業生といわれているようです。

日本では昔から「読み書きソロバン」が中心で「話す」が欠落していましたね。「不言実行」が誠実な人間を表わし、「男は黙ってサッポロビール」ですからね。

話力というのは、生まれつきのものではなくて学んで身につけるもの、努力すれば向上することをこのコースで体験したことは大きな収穫でした。

これからは世界の中の日本。リーダーは自分の考えを発表、主張し、人を動かす能力が求められる時代になりましたね。

能力の根底《こんてい》

大愛《たいあい》なきところに真の能力なし
人を動かし世を動かす能力は
必ず大愛の泉からのみわきいずる
いかなる手腕《しゅわん》も
いかなる学識も
いかなる才能も
いかなる経験《けいけん》も
愛より現われないものならば
単なるあくまの武器である
人よ、無能の悲哀をさとれ
しかして大愛にたつ能力の優者《ゆうしゃ》となれ

（詩集『権威』より）

口下手でもいい自分の体験を語れ

話力の背景には話し手の人柄がある

――前回、話の「上手、下手」は生まれつきではなく、適切な指導と努力があれば上達するもの、と言われましたね。

山崎　その通りです。そして話術ではなく、話力こそ大切と申しました。私がとくに話力を強調するのは「話し方」さえ上手になれば話ができる、と思う大いなる誤解があるからなのです。リーダーは〝人を動かす〟のが仕事、行員一人ひとりを動かし、大勢のお客さまを動かす話力が必要となります。

その話力の背景となるのは、話し手の人格というか、人柄といったものでしょう。だから決して「話しが上手」でなくてもよいのです。トツ弁でも結構、方言まじりでもご愛敬、あなたの人柄を感じさせればよいのです。

あなたも講演会場で講師の話を聞くこと、また結婚披露宴で何人かの名士のスピーチを聞くことがあるでしょう。

そんなとき、話し手の話の内容だけでなく、表情、姿勢、ジェスチャーなどを含めた態度や服装、そして声など話し手のトータルの印象から、好意をもったり反発したりするものです。好意をもたれなければ、いくらうまい話をしても受け入れてもらえません。

とくに声が大切なように思いますね。澄んだ声、濁った声、力強い声、弱々しい声、温かい声、冷たい声——、声を通して話し手の人柄を感じ取ってしまいます。

いつかテレビで聞いた話ですが、役者の世界でも「一声、二声、三姿」というのだそうですね。もう人の前に立ったら、ごまかしようがありませんね。ありのままの自分をさらけ出すしかないのですね。

「話し方」ではなく「何を話すか」それが人を動かす

——昔から「文は人なり」と言われてきましたが、「話は人なり」なのですね。

山崎　ですから、一番大切なのは「話し方」ではなく、「何を話すか」つまりテーマの選び方ということになりましょうか。「これだけはどうしても分かってほしい！」という情熱がなければ〝話にならない〟のです。「自分が体験したこと」あるいは「自分が深く体得したこと」これを伝えれば、相手に必ずプラスになると思えばこそ、言葉に迫力があり、声に温かみが加わるのでしょうね。たとえタドタドしい話し方であっても人に感動を与えます。

体験談ほど説得力の強いものはありませんね。アタマで理解したことでなく、カラダで験《ため》したこと、ココロで感じたことを一生懸命に話すことです。

この体験談は他人《ひと》が代って話すことはできません。「あなたでなければ」の話を自信をもって、熱意をこめて話して下さい。

私自身、32年間の銀行員生活、とくに支店長5店舗12年間に体験してきたことをいま、研修、講演でお話しています。現職の支店長時代は朝礼、会議で、またロータリークラブ、結婚披露宴など社外のスピーチを含めると回数にして4000回は超えているでしょうか。

近頃トシをとるのも悪くはないな、と思っています。チャレンジ精神を失わない限り、いろいろの体験を重ねることができるからです。

この十年余の期間をとってみても、いくつかの忘れがたい体験をさせてもらいました。

全国タートルマラソン大会に参加し、ゴール寸前で倒れ2時間15分意識不明だった昭和51年9月15日。11年前の母の死。6年前の金融研修センター設立への決断。初めての編著書『これが支店長だ』が発売間もなく1万部を突破したときの驚きと喜び。

だんだん大きな舞台が与えられ、読売ホール超満員1150名の前での講演、そして受講者アンケートを読ませていただいての感動。

先年ニューヨーク・ヒルトンホテルでの深夜の火事騒ぎ、38階から非常階段を伝って地階までハダシでかけ降りたあの恐怖。その他「忘れることのできない」喜び悲しみ、苦しみがありました。

あなたにもいろいろの体験がおありでしょう。あなたが35歳なら35年間の、50歳なら50年間の体験が。

もちろん、仕事上で体験したこと、あるいは体得した技能、これだけは誰にも負けない、自慢できるというスポーツ、趣味いろいろお持ちだろうと思います。

話の材料は、みなさん1人ひとりが持っています。それを具体的なエピソードを交え、イキイキと熱意をこめて話せばよいのです。

ギリギリの体験談に感動した

――お話を伺っているうちに、それなら私にもできそうな（?）気がしてきました。

山崎　アハハ、それなら嬉しいですねえ。いま、まさに私の体験談を熱意を込めて、あなたに話しているのですから——。

私は、これまでたくさんの方々のお話を伺ってきましたが、重度心身障害児のお母さま方のお話ほど感動、感銘をうけたことはありません。

「この子と一緒に何度命を絶《た》とうと思ったことか分かりません」。絞り出すような声で、とぎれとぎれに語られる。それは、あるいは「話」などというものではないかも知れません。

もう一人のお母さん「でもやっといま、その悲しみ、苦しみを超えることができました。この子に生きることを教えられたのです」。むしろ明るく、さわやかに語るお母さんの表情に感動したことを忘れることができないのです。

なぜでしょうか。

そのお母さんにしか語ることができないギリギリの体験談だったからだと思います。

楽しみ

種をまくときは
種まきが楽しみ
草をとるときは
草とりが楽しみ
虫がついたら
虫とりが楽しみ
実ったら
とり入れが楽しみ

（詩集『権威』より）

自己表現力を鍛え仕事・人生に自信を持とう

〝人前で話がしたい〟熱意がカーネギーコースへ向わせた

──「とても楽しくさわやかなお話」「ヤル気をおこさせる不思議な魅力をもつ講師」「思わず話に引きこまれ、2時間がアッという間に」これは山崎さんの講演をきいてのアンケートの答ですが。

山崎　こんな感想をいただくと、ほんとに嬉しいですね。励まされて話をするのが楽しくなります。

これまでにもお話しましたように、私は子供のときから内気、ひっこみ思案で、あまり目立たない方が気が安まる、といった少年でした。銀行に入ってからもしばらくはそんな調子だったのです。とくに朝礼の3分間スピーチの順番がまわってくるときには胃が痛んだりしました。

それでもなんとか人前で話せるようになりたい、と考えたのは支店長代理になった30代でした。いやでも次々にチャンスというよりピンチがやってきたからです。そこで前々回お話したデール・カーネギー・コースを受講することになったのです。うれしいことに、あの名著「人を動かす」と「道は開ける」がサブテキストになっていました。いずれも私の以前からの愛読書です。

このコースから〝話し上手〟になることだけでなく、すべてのことに自信をもつこと、人間的に大きく成長することを学びました。これは私だけではありません。たまたま近くの本屋で「デール・カーネギーの21人」という本（東京経済社）を見つけました。この本は卒業生がコースで学んだことを実社会でどのように生かしてきたかの体験談なのですね。私も卒業生。その通り、その通り、とうなずきながら読ませてもらいました。

基本を学べば1000人の前でも話ができる

――それにしても300名とか1000名を超える人の前で話をするなんてことは誰にでもできることでしょうか。

山崎　いまから10年も前のことですが、ある上場会社の創立記念日に1時間の講演を頼まれたことがありました。これも勉強、よいチャンスとお引受けしたのです。前日に担当の方から連絡があり、明日は日曜日でもあり午後アトラクションを用意してあるので、社員だけでなく奥さん、子供さんの参加も予定され、約1000人くらいになるでしょう、とのこと。

急に不安になりました。社員向けの話を準備していたのに、子供がざわついたら、などと心配し出したらキリがありません。寝つけないままカーネギー・コースのテキストをひっぱり出しました。

〝聞き手をひきつける〟ためには「心から打ちこめるテーマを選びなさい」「自分の選んだテーマに夢中になりなさい」「スピーチの中に実例やたとえ話を盛り込みなさい」そして何よりも励まされたのは次の言葉でした。「成功への自信をもちなさい」。そうだ、そうだった、とグッスリ眠ることができました。

さて当日、開始前はやはり緊張していましたが、壇上に上ったら楽に言葉がでました。「私は今日喜んでここにお伺いしました。このテーマについて私が体験した3つの事件についてお話しします。一生懸命お話しますから、みなさんも、よーく聞いて下さいね。そしてご一緒に考えて下さいね。最初の事件は――」そんなことばがスラスラ出てくる自分が不思議でしたね。

子供さんたちも〝事件〟ときいて目を丸くしておとなしく聞いてくれました。結果は大成功でした。あんなに大きな拍手をいただいたのは初めてでした。感動しました。幸せでしたね。そして自信がつきました。

コースで学んだことを生かすことができた、それがよかったのかもしれません。「原稿を丸暗記してはダメ、ポイントだけを箇条書にして、自分のことばで、力強く生き生きと、活気ある話し方をしなさい」これを実行したのです。

聞き手に敬意と愛情を〝あがる〟のも良し

――私などは30人の前でもあがってしまって、思うことの半分も話せないのですが。

山崎　私も以前はそうでしたからよく分かります。でも考えてみると、初対面の何十人かを前にして恥ずかしい気持ちや恐怖心がおこる、つまり〝あがる〟というのは普通の人には自然なことではないでしょうか。私はむしろまったくあがらなくなったらおしまいだ、と思っています。場数を踏めば話はうまくなる。しかし「どうだ、うまいだろう」と思い上がるとこわいですね。

よく聴衆をカボチャと思え、そうすればあがらない、という人がいますが、私はちがうと思います。謙虚さを失ってはいけませんね。聞き手に敬意をもつこと、愛情をもつことが何よりも大切なことでしょうね。一番大切なココロを失っては、それこそ〝話になりません〟。

話の上達は、なんといっても練習、練習ですね。支店長、次長になればチャンスはいくらでもあるのですから、それに加えて「話のプロ」に学ぶことでしょう。

ゴルフの上達と同じで、優れたレッスンプロに習うと早く上達するでしょう。

私は「デール・カーネギー自信がつく話し方教室」(三笠書房)を自信を持ってお薦めします。これほど具体的で役に立つ手引書はありません。

「熱意をこめ、才能と力のすべてを注いで、効果的な話し方を学びなさい。自己表現力を鍛えることは、仕事や人生のあらゆる分野で自信をもつための近道です。忍耐と、必ず報いられるという信念こそが、あなたを大きく変えるのです」(デール・カーネギー)

その通り、私は「明るく大きく」変わりました。あなたも変わります。

悦べよ

焔の見えないのは
もえていないから
泉のあふれないのは
わいていないから
燃えないかがりを
たれがかこむか
わかない泉をたれがくむか
悦べよ
自ら悦べないものは
たれをも悦ばすことが
できないから

(詩集『権威』より)

第4章●支店長のコミュニケーション能力

名経営者から教わった「儲かる会社」の秘訣

講演がキッカケで企業開拓がやりやすくなった

——山崎さんは金融機関の研修の他に一般経営者向けの講演も数多くなさっておられますね。これは現職支店長時代から、とも伺いましたが。

山崎　ハイ、そのキッカケは、まあ、〝ヒョータンから駒〟といったものだったのですよ。私の支店長最後の店となった神奈川県K店に着任した頃は不況のドン底、どちらへ伺っても「いや銀行の数を半分に減らしたいくらいだ」「支店長が変わったら取引をやめさせてもらう約束だった」などという話ばかり。

たまたま法人会の事務局長さんの所に伺ったら「講演会を開く場所と予算の点で講演謝礼に困っている」とのこと。そこで「うちの支店ホールを使って下さっては。講師もご斡旋致しましょう」と安請合いをしたのはよいが、さて、有名講師は謝礼が高い、さりとて無名の先生では人が集まらない。

困った。困った。その果てに「よし、自分でやろう」と考えた。いま思うと、まったく〝おこがましくも〟なのですが、テーマは「儲かる会社・潰れる会社」でどうだというと、さすがにE次長

「現職の支店長が自店のホールを使っての講演というのも相当シンゾーだと思いますが、このテーマでは、ちょっとドギツすぎますよ、そして品位にも欠けますよ」。

このE次長、実に率直なところが私は好きでしたね。そして「サブタイトルはこれでいきましょう」という。「中小企業経営者と共に考え、共に悩み、共に喜んできた支店長経験12年のハイライトを語る」。

ちょっと気恥ずかしい気もするが、「魅力がないタイトル・テーマでは人が集まりませんからね、まして講師が支店長ではね、アッハッハ」と、ニクイことをいう。

法人会主催ということにして、チラシは会報に折り込んでいただいた。さて当日は小雨、出足はわるい。ところが定刻直前に次々とお客さまが、ついには会場に入りきれなくなる大盛況。受付で会社名とお名前を書いていただいたら、当行とお取引がない方が半数以上でした。

講演会終了後のビア・パーティでは、初対面の経営者の方から「具体的な実例と体験談だから、分かりやすく、また説得力がありましたねえ」「紹介された事例からいくつもの経営上のヒントをいただきました」などのお言葉をいただいて、本当に嬉しかったですね。

この話が伝わったせいか、商工会議所、ロータリー・ライオンズなどからも、次々とお声がかかり、のべ500名を超える地元の有力経営者の方々へお話をさせていただくチャンスに恵まれました。

このあとは、電話一本で社長とのアポイントがとれるようになり、中小企業の開拓がやりやすくなっていきました。

事例と名言のメモ・カードを活用

――その講演のベースになったのが、支店長時代の「聞きとりメモ」だったそうですね。

山崎　ハイ。「銀行員だから、支店長だから、信頼して下さり、本音を聞かせていただける」のでしょうか。聞き捨てにするのはもったいない。中でも創業者ならではの苦労話などをメモさせていただきました。このメモはそのうちカードとなり、整理してみましたら、ざっと3000枚近くありました。

まあ、1日1枚ずつ書いたとしても年間で280枚くらい、支店長5店舗12年ですから、その位の枚数にはなる勘定ですね。いま、そのメモを読み返してみても「メモしておいてよかった」と感じるすばらしい事例や、〝珠玉のことば〟がたくさん発見できるのです。

このカードを眺めていると、「企業は人なり」というけれど、「会社は社長なり」を実感しますね。そして「業績は社長の考え方と熱意で決まる」から「社長の考え方が〝明るく大きい〟か、それとも〝マジメで努力家〟だけど〝暗く小さい〟か、それが問題だ」ということがよく分かります。

私がいま「儲かる会社・潰れる会社」のテーマで、年間50回を超える講演をさせていただけるのも、私自身のささやかな支店経営の体験に加えて、このカードに記録されている名経営者の「実績と名言」に学ばせていただいたからなのです。

熱意なくしては何事も創り出せない

――山崎さんのスローガンも、お取引先の社長のことばがヒントになっているそうですね。

山崎　「明るく大きく考えよう」は前にもお話したように、N支店時代に、「支店長！そんなムズカシイ顔してちゃダメだよ。銀行も愛敬商売、スマイル、スマイル、アッハッハ！」がヒントになりました。

また、もうひとつの「熱意こそ人を動かす」は、昔のメイン先で、いまは取引が切れている先に取引復活のお願いに伺った時の話です。社長にアポイントが取れ、応接室で待たせていただいたとき、フト目についたのが壁に貼ってあった、こんな社訓でした。

金を失うは　小なる損失なり
信用を失うは　大なる損失なり
意欲を失うは　すべてを失う事なり

このさいごの「意欲」ということばに引きつけられましたね。そしてメモしました。本当にそうだ！　だからこの会社は抜群に伸びているのだ。

やがて社長が現れました。「この社訓を朝礼のとき、全員で唱和するのです。熱意なくしては、何事も〃創り出す〃ことはできないのですよ」

この会社が、競合の激しいハイテク中小企業の中にあって、技術水準が高い、生産性が高い、将来性が楽しみ、と評判なのはなぜか、それが分かりました。

私は店へ戻ると「熱意こそ人を動かす」のスローガンを書き、その横に、例の「本気」の詩を貼り出しました。

今回は、その「本気」と同様、私が好きな「全力」という詩をお届けしましょう。

甲子園の野球
名優のしばい
幼稚園の運動会
見ていると涙がでる
全力があまりに神々《こうごう》しいからである
はちきれる程に熟した西瓜《すいか》の美しさ
咲けるだけ咲いた野菊の美しさ
全力は美である
力いっぱいの現われは
なんでも人をひきつける

（後藤静香「権威」より編者山崎喜芳の改訂版による）

支店長の生々しい体験が地域に役立つ

不可欠なコミュニケーション能力

――前回の講演の話は面白い事例でしたね。でも実際にはあまり聞きませんね。なぜでしょう。

山崎　ふつう講演などは経営相談所や調査部の専門家がやる特別なことのように考えられているのではないでしょうか。

お客さまは支店長としての5年、10年の経験からくる話の内容を期待している。どういう企業が伸びていくのか、どんな企業がおかしくなっていくのか、そういう体験的な事例が何よりも重味を持つし、アピールすると思います。

その点、証券会社は進んでいますね。たとえば、ある日の日経新聞の広告欄に岡三証券の支店長の顔写真がズラリと30余名「岡三株式講演会○月○日全国一斉に開会、講師は支店長」。講演の資料は本部からの提供でしょうが、これはお客さんや地域に対して非常にアピールしますね。また支店長への信頼感が増してくるでしょうね。

よく話し下手だとか話術が、とかいう人がいますが、内容さえあれば、そういう場数を踏むことによって信頼感、説得力が増してくるものです。

リーダーたるものにはコミュニケーション能力がますます求められる時代になってきましたね。

自分の考えを大勢の人に伝える力を養っていきたいものです。機会を自ら求めてチャレンジしていくことでしょうね。

マルチタレント能力が強く求められる

——支店長の見識を地域のファンづくりにつなげていく方策でもあるんですね。

山崎　ご存知のように日本電気はC&C戦略を展開していますね。その中で、同社の小林会長はC&C教の教祖、関本社長は伝道師と自ら言っておられる。だから、年間の講演回数もたいへん多いわけですが、結局はそうした努力が今日のNECの企業イメージをつくるのに大きく寄与しているんじゃないかと思います。

最近はCI、CIと言って社名のロゴタイプやマークを変えたりすることが各社で採り入れられているようですが、CIとは、会社の経営理念をお客様、社員を含めた大勢の方々にご理解いただけるかがポイントです。

NECは経営トップ自らの積極的な講演と著作活動によって人々のNECに対するイメージを大きく変えることに成功しました。いま理工系大学生の就職希望会社のトップクラスです。

また、金融機関では、日本長期信用銀行のイメージが高くなりましたね。竹内宏さんや日下公人さん、小沢雅子さんなど、マスコミ登場の論客が幾人もいますよね。そういう方々の著書やマスコミでの発言が同行のイメージアップに貢献しているようです。これは企業にとって大きなPR効果がありますね。

支店長は地域社会のリーダーです。自らの体験に基づいた見識や情報をお客さまや、地域の方々へ堂々と伝えていくことが必要です。これからの支店長には、マルチタレント的な、さまざまな能力が求められているようですね。勉強のヤリ甲斐がある、面白い時代がやってきましたね。

自己表現のうまい上司でありたい

「人を動かす」分かりやすい話を

郊外の飲み屋で、サラリーマン風の男が3人、ぼやき話。

「ウチの支店長、朝礼、会議で、もっと分かる話をしてくれんかなあ」

「あの長話、何とかならんかね」

「同じことをやっても叱られたり、ほめられたり、お天気次第で迷惑だよ」

〝うわさの支店長〟ご本人は「オレは話がうまいから、みんなよく理解してくれる」と自信たっぷりである。

こちら、都心の居酒屋で――、

「ウチの支店長は不言実行が信念だそうだけど、われわれ若手行員には、支店の目標、方針などさっぱり分かりませんよ」

〝うわさの支店長〟「オレは生まれつきのくちべただが、話のうまいのにはロクなヤツがおらん。男は黙ってサッポロビール」

だから、話し上手になろうという意欲もないから努力もしない。

このタイプの支店長はひとむかし前にはよくいましたね、いまは失格。

プロの支店長は、「私は、このような支店を創りたいと考えています。皆さんのご意見をぜひ聞かせて下さい」と、くちべたでもよい、熱意を込めて訴えるのである。職員一人ひとりをくどくのである。

店の目標をハッキリと示し「こうすれば表彰店になれるよ」と優績店への道を示すことだ。

一人よがりの押しつけでは人は動かない。コンセンサスの時代、納得すれば動いてくれる。これからの支店長は「人を動かす分かりやすい話」ができなければ、それこそ話にならない時代であることを知っておきたい。

くちべたも努力次第で

というようなことを申し上げたが、私の場合、果たしてどうだったか。

実をいうと、生来の内向的性格、いわゆる〝内気〟というヤツ。10代・20代では、人前で話すことが一番の苦手だった。朝礼の3分間スピーチ、あの順番が回ってきた朝は頭痛がしたり、微熱を感じたりするほどであった。

朝礼が始まると胸がドキドキし始め、指名されて話し始めると、声はうわずり、のどはカラカラという状態になる。

「話し方」の本をいくつも読んではみたが、これだけは〝畳の上の水練〟と同じ。知識だけではダメだった。

そのうち本部へ転勤、それも業務推進部だったから、支店へ行くと話をさせられる。グループ会議の司会役も。

このとき「これではいけない。よしチャレンジしてみよう」と考えた。

宴会の司会、結婚披露宴の司会、何でもチャンスがあれば自ら買って出た。

〝デール・カーネギー・コース〟という人間関係講座があると聞いて、これも毎週1回の14週間、夜間コースに通った。これはとても大きい自信となった。35歳だった。

次長になったら「朝礼の司会をやらせて下さい」と支店長に申し出た。

いろいろ工夫して多くの人に発言してもらうと、それまでのマンネリ朝礼がイキイキ朝礼に変わっていった。

事例と体験談を熱意を込めて話す

支店長になったら、話のチャンスは次長の10倍になった。朝礼、会議は当然として、ロータリー(ライオンズ)、商店街の新年会、忘年会、お客さまや職員の冠婚葬祭、いろいろなところで「支店長、ひとこと」が求められる。

5店舗、12年の支店長時代、朝礼の3分間スピーチまで含めれば発言の機会は、おそらく3000回を超えていようか。

そして、現在の金融機関のリーダー研修を1時間半の講演になおせば、これも6年間で1000回を超えたことになる。

こうした体験から学んだことは「分かりやすく話をすることの大切さ」である。

今年入った18歳の女性職員にも分かる話をして下さい。

分かりやすい話とは、けさ通勤途上での出来事、きのう聞いた取引先の社長の苦労話、お客さまからのお誉めのことば、苦情など何でもいい、実例を話すこと。

事例と体験談を具体的にイキイキと、熱意を込めて話すのです。

大きな声でゆっくりと短い話を

ちょっとアドバイスをさせてもらいましょうか。

「話が分からない」といわれる理由に、声が小さいから聞こえない、早口であるから聞き取れないことがよく挙げられる。

こんなことではソンですね。

①大きな声でハッキリと話して下さい。そのためには、口をもうちょっと大きく開けて下さい。

②つとめてゆっくりと話しましょう。少しもあわてることはありません。

③短い話が喜ばれます。とくに朝礼では1分間、長くても3分以内でまとめること。NHKラジオ・テレビの標準話数は900字から1000字、3分間あればかなり内容のある話ができるのです。

信頼度バツグンのA次長

K支店のA次長はコミュニケーションの上手な人だった。合併店舗でギクシャクしがちな人間関係をうまくさばいた。おかげで合併店舗では珍しく表彰店となった。彼の功績である。

A氏は決して話がうまい人ではない。いや若いときの彼は、くちべたの部類に入っていたといっていいだろう。

しかし、今では部下からもお客さまからも絶大な信頼を得ているのだ。

「ねえ、佐藤さん、あなたは、これについてどう考える」「なるほど、佐藤さん、それは面白いね、もう一つこんな考え方はどうだろうか」

彼は相手の目を見て話す。相手の名前を繰り返す。相手の意見は聞くが、言うべきことはハッキリと言う。決して押しつけないが、不思議に相手を納得させてしまう。これは彼の人徳か。

ハンサムとはいいにくい顔立ちだが、女性職員の信頼度は抜群で「結婚式にはぜひ」と約束させられていた。いま、4店舗目の優績支店長として活躍中である。

コミュニケーションは一方通行の〝言いっぱなし〟ではダメ。相手の立場に立つこと、相手の自尊心を大切にすること、そして何よりも温かいココロをもって接することが大事である。

優しさと心くばりのY先生

3週間ほど前、急に歯が痛み出した。16年ぶりのことである。

長男が「あの歯医者さんはうまいよ。やさしい人だし、それにとびっきりの美人だし」と言っていたのを思い出し、そこへ行くことにした。

そして、なるほどと納得した。何よりも、いま痛む歯がどんな状況か、分かりやすく説明して下さるのがありがたい。明るく、やさしく、そして評判通りの美しさである。

千客万来、それでこの余裕、これぞプロフェッショナル。

先生がこうだから、受付係、看護婦さん、皆さんやさしくて親切である。

Y先生は誰に対しても温かい。患者さんはみな先生のファンになってしまう。そういう私も先生の大ファンとなってしまった。まもなく歯の治療が終るが、ちょっぴりさびしいような気がしている（先生が独身かどうかはついに聞きそびれた）。

ここまで書いて気がついた。Y先生のすばらしいコミュニケーション能力は人への優しさ、心くばりなのだと。

〝聴き上手〟も大切なこと

おしまいに大事なことを書いておきましょう。それは〝聴く〟ことの大切さです。

〝傾聴〟とは「耳を傾けて聴く」ことです。職員との面談のときも、お客さまとお会いするときも、耳を傾け、心を傾けて、お話を伺いたいものですね。

それでこそ、職員一人ひとりの本音を知ることができるのです。お客さまとの感動のふれあいができるのです。

「話し上手は聴き上手」というではありませんか。

おせわもしよう、おせわにもなろうという生き方がいい。
形をまねず、こころを学ぶ。学んだものは自分の流儀で生かす。
少しでもプラスになると思ったら、機をのがさず取り入れる。
巣立ちが早すぎると、猫にやられる。人生あわてるに及ばず。
方向が人生をきめる。いまの方向で、絶対まちがいはないか。
わたしは働く。わたしに限る用事があり、それができるから働く。
働けば人が喜ぶ、自分のためにもなる。働くことは最高の道楽だ。
働いてこそ生きがいがある。働いてこそ一生のねうちがわかる。
良い人である。しかし、さざえのように、殻にこもっているのが惜しい。
良い人同士が、手をとりあえば、知識も進む。仕事もはかどる。

（後藤静香『一言集』より）

〝人間力を備えよ〟新しいリーダーの条件

社会人として伸びるタイプの子供とは

——山崎さんの講演のレパートリーの中に、PTAがありますが、そのキッカケは、また、どんなテーマで話されるのですか。

山崎　ハイ、これはまったくのボランティアでやらせていただいているのですが——。

演題は「社会人として伸びるタイプの子供とは」。毎回200〜500名のお母さま方が集まって下さいます。

きっと、このテーマは「気になるテーマ」なのでしょうね。ですから、勉強のできる子のお母さまも、できない子のお母さまも、大変熱心に聞いて下さいますね。

支店長時代、有名大学卒の肩書きで入行してくる若者の中に、将来が心配、といったタイプが多いのが気になりました。

理解力はあるし、マジメでもありますから、3年、5年くらいの期間は、人なみ以上の成績を上げる。与えられた仕事は、コツコツと要領よく仕上げる。

悲劇は10年たってやってきます。「長」という名のつく肩書きが与えられ、何人かの部下をもつ立場に立つ。

ところが、そのチームの成果が上がらない。メンバーの協力が得られないのですね。

ナゼでしょうか。一人でコツコツと努力する習慣は十分にもっている。誠実でもあります。だけど他人と協力して何かを成しとげるという体験をもっていないのですね。

社会人として伸びるために一番大切な「人間関係能力」に乏しいのです。

ムリもありません。小学生の時から塾へ通って「負けるな」の特訓をうけ「努力・忍耐」のハチマキを締めて夏休み返上。めでたく有名大学卒の肩書きを得て、大会社・銀行に入ることができたが——。

感受性豊かな幼年期、少年期に受験以外の事に情熱を向けられなかった。音楽を楽しまず、スポーツもほどほどに、好きな子とのデートの時間も惜しい、受験ひとすじの青春だったのでしょうか。

「大根」の詩に想う〝感性の時代〟なのに——遊び心を大切に

——折角の努力が報われないのでは気の毒なことですね。「こんなはずではなかったが……」と——。
山崎 K店での朝礼でのことです。ある朝、数字の発表ばかりのマンネリを破るために「きょうは、ひとつ詩を紹介しよう」といって「大根」という詩を朗読しました。

大根を掘って洗って
純白な肌を
しみじみと眺める
黒土の中から
どうしてこれほど真白いものが
生まれて来るのだろう
にんじんを掘ると赤い
ふしぎな気がして

あたまがさがる

（「権威」より）

メモ帳を取り出してメモしてくれる職員もいました。

昼休みに一人の若手職員がやってきました。「支店長、けさ読まれた、あの詩、ちょっと変じゃありませんか」という。「どこが」ときいてみる。「だって大根は白くて、にんじんは赤い。こんな当り前のことを、ふしぎな気がしてアタマがさがる、なんて」と言うのです。

私はこの青年の顔をしばらく眺めていました。そして「なるほど、理くつはそうかも知れないが――。これは感性の問題だね」と答えるにとどめました。

この人、入行10年余の〝偏差値秀才〟。若い女性たちから〝学歴最高・魅力最低〟とからかわれて未だ独身。スタッフとしては優秀で人柄的にも悪くないだけに惜しい人なのですね。

社会人として伸びるかどうかは〝人間力〟にかかっている

――21世紀へ向って「感性を豊かに、遊び心を大切に」と言われていますのにね。これからは、どんなタイプが求められているのでしょうか。

山崎　私自身、子供の頃から体にも、オツムの方にも自信がなく、性格も内気だったので、少年時代から20代にかけて強いコンプレックスをもっていました。

そんな私が銀行へ入って32年間いろいろな事を体験させて頂き、また仕事を通じて銀行の内外で多くのすばらしい方々との出会いに恵まれました。

そして、いま思うことは、どうも世間でいう「アタマのいい人」が社会人としては必ずしも成功するものではないらしい。いや、むしろ社会人として伸びるかどうかの条件は、肩書きよりも、一人ひとりが持っている〝人間力〟といったものではないか、と考えるようになりました。

その〝人間力〟とは、
①ウソをつかない誠実さ
②高い目標にチャレンジする勇気、最後までやりとげる責任感
③相手を思いやる温かい心、共感性というのでしょうか、相手の喜びを共に喜び、相手の不幸を共に悲しむ――。
そして何よりも、明るくなくてはいけません。この明朗さ、これが人を魅きつけるのでしょう。人間力豊かな魅力ある人物なら周りがほおっておきませんよ。

20代の時は、そう差がなくても、30代で認められ、40代でメキメキ頭角を現わしてくるでしょうね。「オレが、オレが」と言わないでも、自然に周りから押し上げられ、また上からも認められるものですよ。

上の人は絶えず「これは、という人材」を探し求めているのですから――。

この〝人間力〟はどこから生まれてくるのでしょうか。私は〝お母さんから〟と思います。

私は青少年社会教育団体タンポポ会のお世話を30年ちかくやらせて頂いて、毎夏3泊4日のキャンプ生活で子供たちと遊び、お母さん方と接していて、そう実感するのです。

子供たちの考え方・行動は母親のものとまったく同じであることに驚きます。

母親の存在がどんなにすばらしいものか、また、その役割がどんなに大きなものであるかを知りました。

世界は、そして日本は、大きく激しく変わりつつあります。子供たちを迎える10年後、30年後の社会では、どんな人物が求められるのだろうか、子供の将来の幸せを心から願うお母さま方と一緒に考えてみよう、と思っているんですよ。

●飲み屋談義に花が咲く

ノミュニケーションというのは、コミュニケーションに「いっぱい飲む」のノムを連結した日本的造語である……と、ここまで書いてきて、念のため「現代用語の基礎知識」を広げてみた。オヤオヤ解釈がまったくちがう。

「女性管理職が増えてきた。男性社会と上手に付き合って行くために生まれてきたのがノミュニケーション。なるべくコーヒーつき昼食を利用する」

編集部へ問合せたら「それは女性上位社会を先取りした最新の解釈でしょう。金融業界はまだまだオトコ社会、これまでどおりいきましょう」とのご託宣。

さっそく行きつけのナワのれんをくぐる。いたいた。A課長が一人で、ショボクレて飲《や》っている。どうやら、またフラレタらしい。

こちらを発見するなり「まあまあ、聞いてちょうだい。ウチの若い奴らはだらしがねえ、せっかく誘ってやっても『ボク、飲みませんから』だとよ。そのくせ若い女の子と一緒なら『チューハイおかわり』なんて調子がいい。オレたちの若い時分には上司から声かけられたら喜んでついて行ったもんだ」

「今年の新入社員だって、かわいげねえ。『先輩の話を聞けるなんてありがたいです』なんて殊勝なことというから、ウイ奴じゃ、これから目をかけてやろう、といい気分で教訓をたれてやった」

ノミュニケーションの運用法

●若い連中の関心事を知ろう

「帰りぎわにレジのところで『先輩ワリカンでいきましょう』という。『バカヤロー、先輩に恥をかかすな!』といったら、その言いぐさがこうだ。『先輩ムリしないで下さい。住宅ローンにお子さまの進学でしょ。ボクは自宅通勤、月に10万円は使えるんです。可処分所得がちがいますよ』とヌカしやがる」

「ところでオレは女子行員の集りにはお呼びでない。キミはいつも呼ばれてる。モテる秘訣を教えてよ」

調子に乗ってこう言った。そんな席では仕事の話は禁物よ。若い連中の関心は、芸能、音楽、スポーツにファッション、セックス。ひととおりの知識がないと、オジンと言われて相手にされないヨ。タレントの話、結婚相手の見つけ方、血液型の相性なんか話がはずむ。

5時を過ぎたら上役風を吹かせないことだ。人間同士のつき合いでいけばよい。若い連中からも、結構教えられることだって多いよ。

まあ、気をとり直して、さあ、いっぱいいこうヨ。

第5章●

支店長の自己啓発

——人間的魅力を磨く体験のすすめ——

問題意識のないところに自己啓発はない

自己啓発は
ビデオの活用からもできる

――支店長の自己啓発の方法にはいろいろありますし、いろいろなことが言われていますが、日常的にすぐできることで何か面白いことはありますか。

山崎　自己啓発なんていうと、かたぐるしく聞こえますけど〝自分づくり〟〝自分育て〟と考えたらどうでしょうか。

私の場合、良い本との出会い、そして、すばらしい人との出会いによって、大きく育てていただいたような気がします。

感動した本は繰り返し読みます。この本でもご紹介した人生詩集「権威」は45年間文字どおりの〝座右の書〟ですが、「聖書」、洪自誠「菜根譚」も心の支えになりました。

デールカーネギー「人を動かす」（創元社）は役席になった人、とくに人づきあいの下手な人におすすめしたいですね。

スイートランド「自己を生かす」（創元社）シュワルツ「大きく考えることの魔術」（実務教育出版）の2冊からは大きな自信を与えられました。

レターマン「ショーマンシップ」（ダイヤモンド

社）からはプロセールスマンの秘訣を教わりました。

情報源としてのテレビをどう利用するか、それでどんな番組から情報を収集するかが大事です。例えば日曜日の午前中にいい番組が揃っていますよ。報道2001（フジ系列）、サンデープロジェクト、題名のない音楽会（テレビ朝日系列）、日曜討論（NHK）、こころの時代、日曜美術館（NHK教育）。

以上の番組は2台のビデオで録画しておき、まとめて観ることにしています。

日曜日はつき合いゴルフで家にはいないよ、とおっしゃる方には予約ビデオをお勧めしたいですね。このメリットは大きいんじゃないでしょうか。

若い行員とのコミュニケーションにも役立つ

――ビデオを自己啓発に活用するのは面白い方法ですね。現代は電波の時代と言いますからね。

山崎　テレビはすごい情報源ですよ。

それと、日曜日の午前中にはもう一つ忘れていけない番組がある。10時からの「笑っていいとも増刊号」です。この番組はばかばかしいと言ってしまえばそれまでなんですが、ウィークデーのお昼では人気番組になっているわけです。

なんでタモリが受けているのか。あのばかばかしさの中に何か若者を魅きつける時代感性があるんじゃないかと見ていると、いろいろ面白い発見もある。

若い行員と話すときに役に立ちますね。「支店長はそんなタレントまで知っているんですか」なんて意外さやナウさを認識してもらうことにも役立つもんですね。

ですから、日曜日の午前中というのは、会社人間とのつき合いの中では、とても得られないようなモロモロの情報を吸収できる。同時に、若い人たちとのコミュニケーションの一つの手段にもなる。これがテレビのいいところです。

支店の活性化は
次代を担う職員を動かしてこそ可能となる

——若い人とのコミュニケーションの材料になるという着眼点は、なるほどという感じがしますね。

山崎　現実に、これからの社会を動かしていく人、金融機関の中心となっていく人は、みんな20代、30代の人です。

そういう人たちを引っぱり、動かしていくためには、やはり彼らが何に興味を持ち、何に夢中になっているか、それが分からないと、〝支店の活性化〟も〝燃える経営〟も、掛け声だけになってしまうでしょうね。

われわれだけの価値観で、みんなを動かそうとしても、どうしても無理が出てしまう。ですから、われわれに合わせてくれというよりも、むしろ、みんなの考え方は何かをよく理解しながら、最大公約数的なものをつかんで、リードしていくことが大切です。

そこには、面白さとか楽しさという要素が必要になってくる。

活字世代で、あまり面白くもない生真面目人間が支店長だったら、部下の方はシラけてしまう。早く代わってくれという気持ちになるでしょうね。

ですから、自らが変身して面白くすることによって、みんなをリラックスさせて一つの方向に導いていく。

こんなリーダーシップが、これからの時代に大切ではないでしょうか。

これは、決して若い人たちに迎合するということではありません。支店長にとって次長以下は、みんな私のお客さまだ、ユーザーなんだというお客さま志向が大事ですね。

支店長商売が成り立つためには、お客さまである職員に満足を与えなくてはいけないんだ、という割り切りがあったわけです。支店長は偉いんだから部下はみんなオレの言うことを聞かなきゃいかん、という権威主義は一切とらない。お客さまであるという割り切りがあったからこそ、うまくいったように思います。

損得というモノサシで考えてみると、よく分かりますね。お客さまはプラスになると思えば買って下さるし、マイナスになると思えば買って下さらないんですからね。

私は、お客さまである職員に対しても、たえず有用な、利用価値のある情報や教育指導を提供してきたつもりです。

その意味では、極めてビジネスライクな考え方で支店経営に当たってきた、ということになりましょうか。

安眠

今日も終った
はりつめた心をゆるめる
憩《いこ》いのかねが鳴りひびく
まぶたは静かに閉じ
脈搏《みゃくはく》と呼吸とが
平和のしらべをかなでる
すべてを託し
いだかれ切った平安
めざめると
うれしい朝が
新しい人を待っている

（詩集『権威』より）

旺盛な好奇心が良質な人脈を形成させる

人脈づくりは情報源づくりに通じる

――今回は人脈づくりについて伺いたいと思います。この人脈づくりの意味というのは、自己啓発の機会創造ということもあるんでしょうが、やはり人的情報のネットワークづくりというところに価値があるんでしょうね。

山崎　現代は情報化社会だ、と言われ始めてから、どのくらいたつのでしょうか。いまでは金融機関自体が情報産業化してきて、現場の第一線でも「情報が一番だ、情報がなければ他行に後れをとる」と言われるほど情報に対する重要度や関心度は高まっています。

じゃ情報って何だというと難しくなってしまいます。ひとつ言えることは「みんなに知られている情報は、もはや情報ではない」ということです。

本当に重要な情報というのは、やはり人間が握っているわけですし、その意味では〝人脈づくりは人的情報源づくり〟に通じると言えるでしょうね。

そういう意味で、良質な情報をいかに豊富に取り入れられるかが、金融マンとして、あるいは管理者としてのその人の能力になってくる。そのためには、どれだけ良好な人間関係を保っているか、つまり人脈をどれほど持っているか、そこにかかってくると思います。

人脈は旺盛な好奇心から生まれる

――人脈づくりは具体的にどんなところに注意して、どうやっていけばいいのでしょう。

山崎　私の場合、そうはっきり意識してやってきたわけではありませんが、入行10年目くらいから友人づくりを始めたことになりましょうか。それも異業種に属する特色ある人たちでしたね。

いまでは、それぞれの分野で第一人者になっている方も多いですね。お互い苦しいときに助けられたり助けたり、励ましたり励まされたり。利害関係を持たないから、お互い安心してつき合えるのでしょうね。

たいていのことは電話一本で聞けるのもありがたいことですね。

そうそう、つい先週のこと。東北へ行く新幹線の隣席に座った人と顔を見合せてお互いにビックリ。「日本一高い銀座の土地を買った男」としていまや時の人。「フォーカスに狙われて参ったよ」なんて笑ってましたが、城山三郎氏の小説のモデルにもなったこの人は、不動産についてはプロ中のプロ。このT氏とも10年以上になりますか。久しぶりだね。こんど東京でいっぱいやろうよ、なんて楽しい限りですね。

邱永漢先生に出会ったのも昭和38年の5月でしたから、もう30年近くになりました。私が32歳のとき、T行の渋谷支店でしたね。当時、日経夕刊に連載されていた「いどばた論語」の読後感をお話ししたらニコニコされてました。

当時はまだ「知る人ぞ知る」といった先生でしたが、「これはすばらしい人だ！」と直感しましたね。

以来、いまでも3ヵ月に一ぺん、邱先生を囲んで中華料理をいただきながらの集まりに参加しています。

人脈を多く持っている人には共通点があります。

第一に〝好奇心〟が旺盛なことでしょうか。新しいものに挑戦する知りたがり屋さん。次には積極性というかマメマメしさというか、知り合ったら、すぐハガキでお礼と感想を述べる。

本を読んで感心したら著者の住所を調べて感想文を送るなど、とにかくマメですよ。意欲があるんですね。

最近は勉強会ブームですから、メンバーとして参加したり、幹事役になって会をリードしたりするのもいいでしょう。

勉強会には、いろいろの職業の人が、しかも意欲的な人物が集まって情報交換したり、交代で発表したりしています。

続けて参加していると、それまでとちがった多角的なモノの見方ができるようになります。これが大きなメリットですね。

自分のセールスポイントをしっかり持つこと

——そういう方が増えていくと金融機関も変わっていきますね。むしろ、変わっていかなくてはいけない。

山崎　これからは「どこからみても銀行員」といった堅いばかりのタイプではどうでしょうか。銀行のあの人とつき合っていると面白いよ、トクするよ、と地域で評判になるくらいチャーミングな人になりたいものですね。

そのためには、仲間同士の仲良しクラブもいいけれど、もっと目を外に向けて、ちがう分野の友だちづくりが大事でしょうね。情報をいただけることもメリットだけれど、ちがう考え方というか価値観にふれてみるのも、人間的な幅を広げる上で大切なことですよね。

相手さんから情報をいただくだけでなくて、こちらからも差し上げるものがなくては、つき合いは長続きしませんよね。キブ・アンド・テイクですよ。

そのためには、何か自分のセールスポイントを持つことでしょうね。これだけは誰にも負けない、プロフェショナルなものを持っていると強いですね。銀行内で一番、業界でも有数、といったような。

それに加えて、ヒトが集まってくるような人間的魅力を備えていれば「オニに金棒」ですが……。

私どもが「あんな人になりたい」とあこがれるようなチャーミングな人は、やはり若い時からセンスを磨き、心を磨いてきた人のように思いますね。

ただ一人《ひとり》

人生は
ただ一人ゆく旅ぞ
最後の頼《たよ》りは
さびしくとも
自分だけである
ただ一人行くべき自己と知ったとき
どうして粗末にされようぞ
どうして充《みた》さないでよかろうぞ
どうして高めないでよかろうぞ

（詩集『権威』より）

支店長としての見識がいま問われている

なぜ邱永漢氏に魅かれるのか

――山崎さんは、もう20年以上も前から邱永漢さんについて本に書いたり、講演で話したりしておられましたが、いまや、ブームの頂点にいらっしゃる方ですね。

山崎　前回申し上げましたように、私が初めて邱永漢さんにお目にかかったのは、昭和38年5月ですから、もう29年も前のことです。当時すでに直木賞作家でおられたのですが、世間的には、まだ、それほど有名とはいえなかった。その後は〝株の神様〟〝金儲けの神様〟ということで有名になられ、最近では著作に講演にと、一種の〝邱永漢ブーム〟と言っていいでしょう。

私が、なぜそんな昔から邱さんに興味を抱いたかというと、お金儲けの方法を教えるというより、邱永漢という人物の〝生き方・考え方〟に共鳴し、またその人柄に魅かれたせいでしょうか。私の長い銀行員生活の中で、多くの方との出会いがありました。

おかげで、ヒトを見るのに本当に偉い人かどうかを判断するモノサシみたいなものを身につけることができました。

難しいことを難しく言う人はともかく、やさしいことまで、ヨコ文字を使ったりして難しく言う人も多いんですね。学者先生や、自称インテリに多いようですが――。

私は、難しいことをダレにでも分かりやすく話して下さる方が一番偉い人だと思うんです。物事を本当に深く理解しているからこそ、やさしく話せるのですし、また愛情が豊かであるからこそ、話し方など表現に工夫があるのでしょう。

モノの見方、考え方
心の持ち方がこんなにも違う

——愛情が豊かであるというのはたいへん人間的なことですね。

山崎 そうですね。このモノサシに従えば、邱永漢さんは〝カネ儲けの神様〟などという軽い存在じゃなくて、大事な人間の生き方を身をもって示して下さる、いわば〝人生の達人〟と私は評価しているのです。

お金のことだけじゃなく、モノの見方、考え方、心の持ち方まで——。

今回、アメリカ旅行にご一緒しながら、そのお人柄を感じましたね。

誰に対してももったいぶらず、明るくユーモアをもって淡々と話して下さるチャーミングな人です。最近の〝邱永漢ブーム〟も、成るべくして成ったという気がしますね。

また、モノを見る目の確かさには敬服しますね。

10年、または20年のサイクルで見て、邱さんの経済見通しは、かなり高い確率で当たっています。

とくにあのオイルショックのとき「これで日本経済はダメになる」とマスコミ、評論家がいう中で、邱さんは「これから日本は強くなる」と予測された。

事実、その頃から外貨がたまり始め、今日の状況になりましたね。

なぜ邱さんの予測は当たるのでしょうね。

年間120日くらいは海外旅行をして、いろいろ体験を積んでくる。国内でも各地へ出かけて講演され、見学され、中小企業の社長の声を聞いてくる。

現場を歩いている強味、それに波乱に富んだ半生、事業経営の実務体験（成功と失敗と）加えて感性豊かな洞察力。

ここらへんが数字中心で現場オンチのエコノミストとのちがいでしょうか。

だから、話は分かりやすくて面白い。事実、その通り実行して財産を築いた人を大勢知っています。

私は、大学の経済学部の学生に、邱永漢さんの「付加価値論」ほか数冊の著作を読んでほしいと思います。

「なぜ貧乏国が世界一の金持国になれたのか」がよく分かるでしょう。

黄色くなった古ノート片手に相も変わらぬケインズ、マルクスを講じている先生方をやりこめてみるのも、おもしろいと思いますね。

支店長の見識がいま取引先に問われている

――邱さんのお話の中には、現場の支店長の仕事に参考となるものがありますね。

山崎　経済見通しの基本的な発想法など、大いに役に立つと思います。

とくに現場の支店長としては自分の体験を通して、私はこう思うという一つの〝見識〟を持つことが大切でしょうね。

自分の感性なり頭なりを働かせて、自分の考えを持つべきでしょう。

金融機関の人間というのは、日々いろいろなお客様と接触して、ナマの実態に触れているという強みがあるのです。

金融専門紙『ニッキン』の経営者アンケートの中で、経営者から「支店長に期待するもの」のトップに〝見識〟があげられています。

第一線で生きるか死ぬか丁々発止で戦っておられる経営者の方々が金融機関の支店長に求めているものは、マスコミの受け売りじゃなくて、私はこう思うという、支店長としての見方、考え方なんですね。

有力な経営者はみなよく勉強しておられますね。「あの支店長はダメ」「この支店長はよく勉強している」など、選別している。

〝見識〟を備えるためにはもちろん勉強が必要ですし、自前の意見を申し上げるためには勇気がいる。

邱永漢さんはロマンと勇気のある方ですね。若き日「アラビアのロレンス」を夢みたと言っておられましたけど――。

一人一人が

一人《ひと》一人がみんな高くなることだ
一人一人がもっと反省することだ
一人一人が自分の心をもち
自分の道をゆくことだ
一人一人が和《なご》やかな心をやしない
たがいに助けて働くことだ
日本の前途は
一人一人の心できまる

（詩集『権威』より）

第5章●支店長の自己啓発

邱永漢氏に人生の楽しみを学ぶ

ヨーロッパ17日間
フランス料理で日本人を再確認

――邱永漢さんとご一緒のヨーロッパはいかがでしたか。

山崎　楽しかった、そして得るところが大きかったように思います。「ヨーロッパ食べ歩きに同行しませんか」とのお誘いをいただいて「これは嬉しいですね。ぜひ、ぜひ」というわけで、喜んで参加。

香港からコペンハーゲン（デンマーク）、ウィーン（オーストリア）、ミュンヘン（ドイツ）、ベニス、ミラノ（イタリー）、パリ（フランス）の17日間、いずれも個性あふれる美しい都市でした。

コペンハーゲンはアンデルセンで知られ、ウィーンは音楽の都、ここのオペラハウスでワーグナーを聴きました。そしてミュンヘン、ビールで乾杯。水の都ベニスではゴンドラにゆられながら美声で唄う〝サンタルチア〟を。

ミラノはファションの街、今上昇中のイタリア経済の中心地、パリでは郊外バルビゾンへ車を走らせ、ミレー等絵画の巨匠たちの家を訪ねました。このコース設定も邱さんならではのユニークなものでした。

邱永漢さんは〝金儲けの神様〟としてあまりにも有名な方ですが、食に関する本もたくさん書いておられます。

中でも「食は広州にあり」は食に関する三大名著のひとつですし、日経夕刊に連載された「食指は動く、世界の美味食べ歩き」は大好評でしたね。

おかげさまで、ふつうはとても、とてもという一流レストランへ。いずれもヨーロッパ味のガイドブック、〝ミシュラン三つ星〟。半年前に予約しておいたところ。

同行者は邱さんと親しい仲間ばかりですが、いずれも中年以上ですから、はじめのうちは「さすが三つ星ですねえ」などとニコニコしていたのですが、連夜のフランス料理フルコース。馴れない胃袋はビックリ。

旅の後半には、ごちそうを前にしてタメ息ばかり。「アア、納豆が食いたい」「オレはモリソバ」「成田へ着いたら空港の寿司屋でマグロのトロを」などといい出す始末。

最終のパリではついに「日本ラーメン屋」の看板を発見。「ラーメンがこんなうまいとは知らなかった」という声にお互い顔を見合わせて大笑い。どんなに気どっても「ぼくたちやっぱり日本人」を再確認して帰って参りました。

超多忙人間
旅を楽しみグルメを楽しむ

——今回の旅で一番印象的だったことは何でしたか。

山崎　それは〝邱永漢さん〟でした、と申し上げたらご本人は苦笑されるでしょう。

邱さんは、いま週刊誌、月刊誌に連載を10本以上、講演は年300回前後、新聞には連日大きな顔写真が載っているという超多忙人間。

その邱さんが一切の仕事をはなれて17日間、たんたんと旅を楽しまれている様子に深く感じ入りました。

ふだん原稿は新幹線か飛行機の中で書かれる。集中力が抜群だから、レパートリーもひろく、かつ中味の濃い仕事ができるのでしょうね。そして海外へ出たらパッと気分を切りかえて旅を楽しむ、この転換力。

また、〝お買物上手〟なのに感心しました。コペンハーゲンで最高級の食器を求められました。「私は骨とう品は買いません。日常の生活を豊かにしてくれる一流品を買います。一流のものはアキがこない。値段は高いようだけど毎日楽しんで使えば1日当たりいくらになりますか、モノは考えようですよ」と話して下さった。

同行者がみな驚いたのは、邱さんが、たいへん〝おしゃれ〟なことでした。TPOに合わせた心にくいダンディぶりに「さすがぁ」の声が――。

私も前々から邱永漢氏こそ〝ベストドレッサー賞〟をうけるにふさわしい人と気がついてはいましたので、ぜひ「中年からの男のおしゃれ」という本を書いて下さい、とお願いしてるのですよ。

ダンディといえば邱さんの本の題名にはユニークなものが多いですね。「ダテに年はとらず、熟年を優雅に生きる法」「食べて儲けて考えて」などいかにも邱さんらしいし、「花の中年、お金の分別」「若気の至りも四十まで」なども面白い。中でも傑作は「死に方・辞め方・別れ方」なんていうのも、深刻になりそうなテーマをユーモアでやんわりと包んでしまう好著ですね。

経済を語って30年
戦後随一そして親切な人

――山崎さんは前にも「邱永漢氏に学ぶ」と題して紹介されましたね。

山崎　ええ、まったく興味つきないユニークな人物ですね。うれしい記事が月刊誌『ボイス』に載りました。渡部昇一、谷沢永一の両氏が6頁にわたって邱氏について書いておられる。

渡部氏は「こんなに長い間経済のことをいい続けてきて沈没しなかった人はほかにあまりいないでしょう。大したものです」。

谷沢氏は「戦後随一ですね。それにこの方は、本質的に親切なのだろうと思います」。

それを受けて渡部氏は「自分のノウハウを惜しげもなく教えるのですね。こういういいタネを吐きながら30年以上もったということはたいへんなことです」。

この両先生は辛口批評で有名な方ですが、ズバリと邱永漢氏の本質を見ている。見る人はちゃんと見ているのだな、とすっかり嬉しくなりましたね。

初めてお目にかかったのは昭和38年の5月ですが、そのときも、「おもしろい人だなあ、ユニークな人だなあ」と思いました。その後、会う人に「邱永漢さんて知ってる」とふれ回ったが「その人なにする人」と聞き返されたことを思い出しましたよ。

いまや、ブームの頂点に立っておられる邱先生ですがちっとも気負いがない。〃金儲けの神様〃と持ち上げられても、ご本人はお金の有難味とその限界をよく知っておられる。

だからお金にふりまわされることなく実にさわやかな生き方をしておられるのですね。

「美味しいものを食べに行くためには一生懸命働いてお金をつくる、ヒマをつくる、そして旅行の計画をたてる、こんな中に人生の楽しみがあるのではないでしょうか」

帰りの飛行機の中で笑いながらこんなことを話して下さった。

今回はヨーロッパ旅行のご報告のつもりが「続・邱永漢氏に学ぶ」になってしまいましたね。

第5章●支店長の自己啓発

実感を込めた体験が貴重な財産を形づくる

現場からの実況中継

――山崎さんはアメリカに行かれたそうですが、どうでしたかあちらの印象は。

山崎　今回はロサンゼルスからアトランタへ、そしてニューヨークと3カ所を拠点にして回りました。テーマは、「アメリカの金融自由化の現状とこれから」ということでしたが、その他いろいろ学ぶことが多かったですね。

旅をすると、いろいろなことに出会いますが、何と言ってもニューヨークの一流ホテルと言われているHホテルで、真夜中の火事に出会ったのには驚きました。

激しくドアをたたく音がするので廊下に出てみたら、煙の臭い。こりゃ火事だというわけです。「全員すぐ避難しろ」という。38階から非常階段を1階まで駆け下りた。足の裏が痛いので気がついたら、ハダシでパジャマ（笑い）。

太平洋戦争に負けたとき私は14歳でした。日本中が焼け野原、食べる物もなかった。あれから45年、アメリカは憧れの国でした。その米国で日本の自動車が生産されるなんて夢のようなこと。そして、日米の貿易摩擦が激しさを増していく。

アトランタで訪れた日系企業の社長の話です。

「日本政府高官の米国労働者蔑視発言が、どれほど彼らの自尊心を傷つけているか。民族、人種の多様さこそがアメリカの活動源になっているのです。日本の経済力が米国を超えた、などの日本からの報道、日本人はよその国との関係でも上か下か、強いか弱いかと比べてみる。これまでの長い間の劣等感の裏返しの優越感、危ないことですね。理念も持てず、政治力も軍事力も劣る日本が傲慢になっている。怖いこと、危険なことですよ」。現場からの実況中継、実感がこもっていましたね。

顧客が金利で銀行を選ぶ時代が来る？

――実感ですか……。

山崎　そう、実感ですね。そもそも旅行というのは体験そのものでしょう。その体験を通じて実感すること。われわれのこれからの財産の中には、そういう体験も加えていかなければいけないんじゃないでしょうか。

もちろん、本を読んだり、人の話を聞いたりすることも大事なことですが、自分の、肌で感じること。そして自分のアタマで考えること。これが大切なことじゃないかと思います。

米国の歴史を知ること、米国人のモノサシを理解することが必要です。政治や経済はもちろんのこと、私たち金融の仕事もアメリカとの関わりが、ますます大きくなる。これからは貿易摩擦から金融摩擦へ、ともいわれています。米国に端を発する金融革命の推移と、いま正にわが国でも本番を迎えようとしている金利自由化の実態には、大いに興味と関心がありますね。

それで、現地でいろいろな銀行を訪ねて、トップのお話を伺ってきました。小口金利の自由化も、すでに現実のものとなっていて、顧客も〝週刊金利情報〟を眺めながら自分の目で選択する。

日本でも近い将来、というより確実にそのような状況になるでしょう。その時に備えて、金融機関はどう対処したらよいのか、支店長は、行職員は……。そんなことも深く考えさせられました。

アメリカと日本とは金融制度その他がちがいますから単純な比較はできませんが、数年来、中小銀行の倒産が続いている。その一方で、小粒ではあるが堅実な中小・中堅銀行が伸びている。いずれも個人向けローン・オフィサーを中心とする融資推進体制、融資焦付きを最小限に、審査機能、また堅実な内部管理体制を固めています。顧客のニーズを先取りして、新しい金融商品やサービスを提供して着々と地歩を築いている。

発展する金融機関、一方では再編成という名の実質倒産、これがやがて日本でも現実になる。そういう危機感を肌で感じてきたことは大きな収穫でした。

自分の肌で感じた貴重な体験だった

――仕事以外で、印象に残ったことは。

山崎　アトランタではニューヨーク・メッツ対アトランタ・ブレーブスの試合を観戦してきました。試合内容よりも応援風景が面白い。アトランタはコカコーラの本社があり、ちょうど創業百年祭でしたから、コーク一色。コークとホットドッグでいかにもアメリカ的でした。

またゲームの合い間に、巨大なスクリーンに映し出される映像が楽しいんですね。

若いカップルが突然、大写しになる。拍手と歓声。本人たち、気がつくとニッコリしてVサインをするのもいれば、あわてて顔をかくすのもいる。ドット笑いが起こる。

ニューヨークではブロードウエイミュージカル「キャッツ」を見ました。

さすが本場だけあって迫力があり、感動的でした。〝感性の時代〟なんていわれてますが、海外の旅に出て、好奇心をかき立てながら歩き回るのも、面白いものですね。

何をするにも時がある。
運命には、素直に従うべし。
反省もいい、ざんげもいいが、
萎縮すれば、それっきりになる。
ありがたいと思ったら、
言葉に筆に現わすべし。遠慮に及ばず。
伸ばすにも勇気がいる。
切り捨てるにも英断がいる。
人間ができるほど、貫禄がつく。
平凡なようで、奥行が深くなる。

（後藤静香『一言集』より）

「権威」の著者後藤静香先生と山崎（29歳）――1960年東京・九段会館にて――

中国に行って駐在員事務所長の活躍に感動した

ショックだった上海列車事故

――中国から帰られたばかりですが（88年5月）、ご感想はいかがでしたか。

山崎　一番のショックは、私が3月24日の午後、上海空港に到着した2時間後に正面衝突の列車事故が発生、多数の日本人修学旅行生が亡くなられたことでした。現地では「何か事故があったらしい」という程度しか分からず、東京へ電話して大事故を知ったのですが――不幸なこと、残念なことでした。

今回の旅行は中国の実態にすこしでも多く触れてみたい、という希望がかなり叶えられた、という意味では実り多い旅だったと思います。ありがたいことに、現地の銀行駐在員の方々のおかげで経済開放区の視察の他、経済界トップの方々からお話を伺うチャンスにもめぐまれました。

私が自己紹介で〝経営活性化〟、かんたんにいうと〝ヤル気の研究〟をやっています、と申しますと、中国では〝能率〟とか〝意欲〟とかがトップの関心事になっているらしく身を乗り出してきいて下さいました。

『実戦・支店長』を進呈して、この本の中には〝明るく考えること〟また〝スケール大きく考えること〟また「熱意」がどのように大きな業績をもたらすか、を「明るく大きく教」の〝教祖〟として(笑)お話しました。

この本がすでにハングル語に翻訳されて、韓国のリーダー研修にお役に立っていると申しますと、ぜひ中国語にもと強く要望されて、いささか気をよくしてきました。

要人の方々の中には日本に来られた方も多く、〝経済・経営の面では日本から多くのものを学びたい〟と謙虚な態度で話されました。中国の現状については私自身、昭和ヒトケタ戦中世代として責任を感じており、何かお役に立つことはないか、としきりに考えたことでした。

地元で高い評価
駐在員事務所I所長に感銘

――今回はどのようなコースで回られたのですか、何か印象に残ったことは。

山崎　北京・上海のような大都会だけではなく、長江(揚子江)を上って江蘇省の南通まで参りました。

ここを拠点にマイクロバスで農・漁村を回り、各地の青年たちとの交歓もでき〝開かれつつある中国〟の一端に触れられたのは幸せなことだと思いました。

これも南通市における唯一の日本金融機関N銀行のI所長のおかげですが、地元では連夜、歓迎会を開いて下さり驚きました。

テレビで知ってはいましたが、ホスト役がお客の皿に料理をとり分けて下さる、あの西洋料理のマナーとはちがう親しみのこもった〝おもてなし〟もいいものですね。

家族も同行したので話題も広がり和やかなものになりました。話題になったのは人口制限でした。上海の街で一番大きく目につく看板が「晩婚・少生・伏育」つまり結婚はなるべくおそく、子供は1人、優秀な子に育てましょう、というのですね。

人口は10億を超えて世界一。通訳の青年も新婚3カ月でしたが、「順番があるので——」と口ごもっていました。

もっとも印象的だったのは要人のあいさつの中で「当地にN銀行が駐在員事務所を開設してくれたおかげで日本企業が多数進出。また合併企業もスムーズに運営され、当地の経済が活発になったこと。とくにI所長の熱意、誠実さ溢れる人柄に地元の人たちが深い感銘をうけている」、ということでした。

上海から長江を船で3時間半、日本人も少なくテレビも国営放送のみ、娯楽も乏しい、この地に単身で乗りこみ、事務所の設立、日本企業の誘致、地元との折衝この2年間のI所長の〝ご苦労〟がどんなものであったか、と私も感銘をうけました。

旺盛な好奇心を発揮してなぜなぜを連発

——中国から帰られたら、またすぐヨーロッパへ行かれるとか。

山崎　ハイ、この4月末からスペインを中心に6カ国を回って参ります。グルメの邱永漢さんにご一緒させていただくので経済・金融の勉強のほか、おいしいものが、とこれも楽しみです。日本もモノの国際化からカネの国際化へと急ピッチで進展し、これからはヒトの国際化が現実のものとなってきました。東京でもこの1年で外国人の姿がグーンと増えましたね。

これからは自らチャンスを創ってどんどん海外へ出ることが大切でしょうね。見たり、聞いたり、試したり、のチャレンジ精神と好奇心を大いに発揮していろいろの体験を積み上げていきたいものですね。少しの体験が、さらに深く知りたいい、という好奇心を呼び起こします。

この好奇心って大事じゃないでしょうか。何を見ても驚かなくなるのは、老化現象の始まりっていいますし。

分からないことには「ナゼ、ナゼ」と聞くことにしています。子供みたいにね。

これには中国人の通訳も閉口したらしく、おしまいには、相手のことばを訳してくれたあと「これは〝ナゼ〟と聞かないで下さい」とクギをさされました。

たしかに話によっては「ナゼ」ときかれると困るでしょうね。私も食後のくつろいだ会話の中で「中国は老人を大切にする国で羨ましい。日本では年をとると若い人からオジン、オバンとひやかされるのですよ」と話したらこんどは相手から「ナゼですか」と聞かれて困ったことがありましたからね。

私が20代のとき同じ年齢の小田実さんの『何でも見てやろう』という世界旅行体験記がベストセラーになりました。当時は1ドル360円の時代、誰でもそう簡単にアメリカへも行けない時代、大いに刺激をうけましたね。

あれから30年、時代は急ピッチで大きく変わってきました。日本のモノサシと世界のモノサシの差が、いろいろな摩擦を起こしています。日本が〝孤立化〟しないためにも「明るく大きな」モノの見方、考え方が必要になってきました。

海外へ出る場合はパック旅行も便利で安上りですが、努めて現地の人たちとの交流を深めたいものですね。

とくに地理的にも近く、歴史的には深いつながりがある中国をはじめ東南アジアの国々への理解と応援をしなくてはと考えました。

海外へ出るチャンスは自ら積極的に創るもの。中学の英語の時間に習った西洋のことわざ「意志あるところに道あり」。あれ、本当ですね。

第5章●支店長の自己啓発

「タンポポ」に学ぶ夏休みの合宿体験

明るく大きく逞しく〝プラス言葉〟が大切

――いよいよ夏休みのシーズンですが、山崎さんのご予定は――

山崎　今年の夏も3泊4日のタンポポ合宿に参加します。場所は静岡県浜名湖ユースホステル、子供たちと遊んだり歌ったり、おしゃべりをしてこようと張り切っています。このタンポポ合宿は、もう60年を超える歴史があるのですが、毎年全国の小・中・高・大学生たちが、50名から多いときは120名も集まります。

タンポポ会って、ちょっと変った名前でしょう。タンポポって雑草ですよね。でも、その生きざまは実にたくましい。

季節になるとタンポポの種は風に吹かれて、どこまでも飛んでいく。落ちたところに根をおろし、見事な花を咲かせる。水分が足りないから伸びるのはイヤ、陽当たりがわるいから咲くのはイヤ、とはいわない。どんな環境でもブツブツ文句を言わない。

そこで「どんな条件のところでも、それを感謝して、明るく、たくましく生きていこう。タンポポのように――」というのが会の名称の由来なんです。

そこで子供たちには、こんな話をするのです。「もう文句をいうのはヤメようじゃないか。片親しかいない。いても理解がない。学校も気に入らない、友人もロクな奴がいない。貧乏だ、こんな田舎では仕方がない——」

「キミたち、もう今日かぎり、そんな〈マイナスことば〉はヤメにして明るく大きな〈プラスことば〉に切り換えてみようじゃないか〈やれるぞ、できるぞ、おもしろい〉〈仲よく力を合わせてがんばろうぜ〉という具合いにね」

話だけよりも実験をやってみた方が効果が上がりますね。

2人ペアになって5分間話合う。「相手の長所を発見するゲーム」などおもしろいものです。初対面ですからお互い自己紹介をし、自分の趣味〝好きなタレント〟などを話し合う。

そこから「キミは楽しい人だね」「地味な印象だったけど心はあったかいんだね」「センスがいいな、リズム感抜群だぜ」など感想を述べ合う。「長所を発見される」のだから嬉しくなってしまう。

とくに、先生からも親からも勉強の成績だけで上中下と格付けされてコンプレックスをもっている子ほど明るくなりますね。ちょっと前には、予備校生の金属バット事件、数年前には中学2年生の両親殺害という不幸な事件がありました。勉強の成績、そして学歴を親も学校も世間も、あまりにも過大に評価しすぎていることも一因といわれているようです。

人間の能力は勉強の成績だけでないことを知ってもらいたいですね。美しいものを見たり聴いたりして感動する。そんな情操を養うことが、人生を豊かにしてくれるように思います。

ウソをいわない誠実さ、引き受けたことは必ずやりとげる責任感、高い目標にチャレンジする勇気、相手の気持ちを思いやる共感性、愛情。こういうものをひっくるめて〝人柄〟というのでしょう。

その人柄とか情操といったものが社会人としての能力となることを、子供たちにも親たちにも、とくにお母さんに分かっていただきたいですね。

ヤル気を引き出してくれた〝長所発見〟型のリーダー

——ヘェー、初めて伺うお話ですね。タンポポ会に入られた動機は。

山崎　私自身10代のとき、このグループに入って「暗く小さく」から「明るく大きく」変わったのです。体が弱くて頭が悪い、とコンプレックスが強かったんですね。タンポポの先輩に励まされて変わってきたのです。

私がこの本で繰り返し〝リーダーは長所発見能力が大切〟と申し上げているのは私の10代・20代に出会ったすぐれたタンポポリーダーの指導を受けたからなのです。

欠点を指摘して直してやろう、というマジメ誠実型リーダーよりも「明るく考え、包容力の大きな」リーダーが、私の欠点には片目をつぶって下さり、長所を惜しみなく賞めて下さった。このことが、どんなに私を励まし、明るくし、ヤル気を引き出してくれたか、身をもって体験したからなのです。

NHKテレビで紹介された人生詩集『権威』

——つい先日のテレビでタンポポ会の創立者が全国に紹介されましたね——

山崎　ハイ、NHK教育テレビ「心の時代」で「われ、これがために生まれたり、近代日本の求道者・後藤静香《せいこう》」として1時間番組で放映されました。

「人生に希望を」と心の灯を高く掲げて多くの人を励まし続けた偉大なる社会教育者でした。私にとっては、親子三代にわたって個人的なご指導をいただいた〝人生の恩師〟であり、私の結婚の司式までお願いした方ですからこんな嬉しいことはありません。

この番組を制作して下さったのはＮＨＫ社会教育部の久保醇ディレクターです。久保さんは初め名古屋のある重障児施設の取材を通じて〝後藤静香〟の名を知り、調べれば調べるほど、大正から昭和にかけて、この人の果たした社会教育者としての影響力の大きさ、また社会福祉の実践者としての実績の大きさに驚かれたとのことでした。

その門下からは多くのすぐれた人材を生み出し、その何人かの方々は番組にも登場されました。また日本の盲人のために点訳奉仕運動を展開して日本点字図書館を応援されたり、ハンセン病救済のため日本のみならず、インド・韓国まで手を差し伸べられたことも番組で紹介されました。

また、繰り返し出てきたのが後藤静香著『権威』です。この詩集は私が書いているものの中にたびたび登場しましたので、みなさまの中にはご存知の方があるかもしれません。

これまでの発行部数は５００万とも６００万ともいわれる大正から昭和にかけての大ベストセラー・ロングセラーです。しかも当時はラジオもテレビもなし、クチコミで伝えられた、というのですから驚きますね。

この1冊の詩集に私が出会ったのがいまから40年ほど昔。母から「読んでごらん」と。悩みに悩み、迷いに迷っていた私に、この詩集は〝何のために生きるのか〟〝どうしたら幸せに生きることができるか〟を教えてくれました。

今まさに「心の時代」です。明るく大きくヤル気を起こさせてくれる、この人生詩集を読者のみなさまにも、ぜひおすすめしたいと思います。

本気でやれば、たいていのことはできる

本気でしていると
たれかが助けてくれる
人間を幸福にするために
本気ではたらいている人は
みんな幸福で
みんなえらい
（『権威』より）

この詩を初めて知ったのは、戦争に負けた直後の中学3年生、15歳のときでした。当時は体もひよわで学校の成績も中の下クラス、将来のことについても「暗く小さく」考えていたのです。

そんなある日、母から1冊の詩集をもらったのです。母が若い時から愛読していたものらしく皮

「本気」が
一人ひとりのヤル気を引き出す

――各地の優績店を訪問しますと、山崎さん愛誦の詩「本気」が大きく貼り出されているのに、驚きますね。

山崎　ハイ、これは嬉しいことですね。

本気ですれば
たいていな事はできる
本気ですれば
なんでも面白い

製の表紙もだいぶすり切れていました。すべてに自信がもてなくて、悩みの中にあっただけに、この中の「本気」には励まされました。一生けんめいやれば、人並みにはやれそうな気がしてきたのですね。

「本気でやれば、たいていなことはできる」ことを銀行の仕事を通じて体験しました。ですから支店長になったとき、みんなの見えるところへ「本気」を大きく貼り出してみました。やがて「本気」が支店全員の合言葉になり、長年の不振店が連続表彰店へと変わっていきました。

「本気」が職員一人ひとりのヤル気を引き出してくれたのでしょうか。

一流人を育てた 1冊の詩集の感化力

――この「本気」がテレビで全国へ放映されて、たいへん反響があったようですね。

山崎　いや、驚きましたね。放映直後から電話がNHKに殺到し、いっときパンク状態になったそうです。「その詩集はいま売られているのか、どこで買えるのか」との問合せが多かった。

前回も申し上げましたが、これはNHK教育テレビ『心の時代』で「近代日本の求道者・後藤静香《ごとうせいこう》」を紹介した1時間番組。

大正から昭和の初めにかけて600万部発行の『権威』の中から「本気」をはじめ数篇の詩が字幕と共に著者本人の音声（レコード）で紹介されたのです。

「50年ぶりに後藤静香先生（昭和44年84歳で没）の温顔を拝見してなつかしかった」「10代のとき、この詩集を夢中で読みました」「私の今日は、〝権威〟なくして考えられません」など、社会福祉の分野から、また財界、教育界のリーダー、長老からの電話も多く、発刊72年後の今日まで、この詩集のもつ影響力、感化力の大きさに感じ入るものがありましたね。

テレビに登場された丹羽正治さん（松下電工会長）もそのお一人です。丹羽さんは35歳の若さで社長、65歳で会長になられ、今日までの40年間に同社を優良大会社へ発展させた大功労者です。

丹羽さんは小学生のとき「権威」の詩に感銘、好きな詩を黒板に書いて級友に紹介された、と話されました。

丹羽さんには〝二人の先生〟がいらっしゃる。一人は〝おやじ〟と呼ぶ松下幸之助さんだが、〝もう一人の先生〟には、まだ会ったことがなかった。それは少年の頃、心をゆさぶられた、あの詩集の著者である。ご存命ならば、いちどお目にかかってお礼を申し上げたい。思い切って週刊新潮の〝掲示板〟に投書した。

それでやっと消息がわかり、〝こころの師〟との感激の対面となる。それからの同社の月給日には、給料袋に添えて、いくつかの詩が社員一人ひとりに届けられるようになったという。

私は数年前、この会社に招かれて社員と家族の方々にお話させていただいたことがありました。社風が実に和やかで温かい。行き届いた担当者のご配慮も〝さすが〟と感じ入るものがありました。「権威」の精神が全員に滲みわたっているからでしょうか。

「大きい会社より良い会社にしたい」これが丹羽さんの願いです。

リーダーの心の支えとして「権威」が役に立てば

――この「権威」はくり返し読んでいると、なんだかヤル気が湧いてくるのも、面白いですね。

山崎　ハイ、まったくふしぎな詩集ですよね。近頃はアタマはいいけど、ココロが伴わない人、能力はあるのにシラケてる人も多いようですね。

この「権威」は人生詩のスタイルをとりながら

「人生の目的」や「その人生を幸せに生きる法」そしてまた「仕事に成功する法」まで、やさしい表現で教えてくれる、世にも稀なる珍しい詩集なのですね。

私は5年ほど前、第二の人生への出発を前にして大きな不安を覚えました。とくに組織をはなれて独り立ちすることに。

そこで、この詩集をもう一度はじめから読み直すことにしました。全部で340篇ありますから、ひとつひとつを味わって読むのには半年ちかくかかりました。

15歳のときから40数年、折にふれてページをめくっていたのですが、この時ほど真剣に読んだことはありません。〝味読〟というか〝心読〟というか——。

そしてこれは私ひとりではもったいない。現代日本に生きる一人でも多くの人にこの詩集の存在を知らせたい、そして〝幸せな人生を発見してほしい〟と願うようになりました。

読み終えたとき確信をもつことができました。「よし、この詩集を再び世に広めること、これを私のライフワークにしよう」。そう心に決めたとき、パッと目の前が明るくなり、私に大きな力が与えられたように思いました。これはフシギな体験でしたね。

以来この6年間、年間130回をこえる研修・講演で「本気」など数篇の詩を朗誦。これを聞いて下さった方は5万人をこえたでしょうか。また編著書でもご紹介したこともあって、すでに数万冊の「権威」が金融機関のリーダー、各地の経営者のお手元に届けられ、朝礼・研修で大活躍しています。生保最大手のN生命の研修所にも「本気」が掲げられています。

リーダーの〝心の支え〟として、また社員のヤル気向上のため「権威」がお役に立てば、こんな嬉しいことはありませんね。

支店長は〝放火犯〟部下のヤル気に火をつけよ

土光さんに学ぶ「実行力」

——先日紹介された人生詩集「権威」について、たくさんの読者からの申込みがあった、と伺いましたが。

山崎　本当に嬉しいですね。そして、えらいな、と思います。この方々の共通点は、何よりも実行力があることですね。また、それは向上意欲が強いこと感性が豊かなことにもつながるのではないでしょうか。

いいな、ほしいな、と思う人は結構いらっしゃるのですね。でも自ら動いてハガキを書く、電話をする、こういう人は100に1人、いや1000人に1人、というのが本当のところでしょう。私がよく講演・研修のはじめにこう申し上げるのです。

「いまは情報の時代、みなさん、よく知っておられるのですよ。知っているけど、やらない。またはやれない。なぜか。私もそうでした。きょうは、すべて〝私の体験〟だけをお話します。知っていても実行しなければ、知らないのと同じです。即実行、これが今回の研修のテーマです」。

実行力、で思い出すのは、亡くなられた第二臨調の土光会長ですね。テレビの追悼番組で紹介されたエピソードが印象的でした。

行政改革で一番抵抗が強かったのが補助金削減のとき。臨調委員はあまりに強いプレッシャーに負けそうになり、事務局が土光さんに直訴した。土光さんは黙って聞いていただけだったが、しばらくすると担当官の席へ自ら足を運んで、

「しっかりやって下さい、ボクが責任をもちます」

と手を握った。この一件で臨調事務局の空気は一変、「土光さんのためなら――」と行革の大きなエンジンとなった。

土光さんは「人にヤル気を起こさせる人」だったのですね。

また、「土光さんは自分の考えをゴリ押しするようなところはなかった。ヒトの意見にもよく耳を傾ける人だった」そして「私心がないから組合からも尊敬されていた」というお話に感銘をうけました。

とくに「私心がない」ことの大切さを学ばせていただきました。

臨調解散となり、行革審会長の任を終えられたときの土光さんの談話にも心を打たれました。

「私自身は21世紀の日本を見ることはないが、私たちの孫やひ孫の時代にわが国が活力に富んだ明るい社会となり、国際的にも立派な国となることを心から願わずにはいられません」

いつも〝日本の将来〟を考えておられた「スケールの大きい人」「実行の人」そして「愛情の豊かな人」だった、と思います。

「本気」から生まれる戦略・戦術

――「オレだって本気でやっているよ、だけど成績が上がらないんだ」とボヤいている支店長も多いと思うんですが。
山崎　ハイ、私の場合もラクラク表彰などという期はめったにありませんでしたね。こんなときもありました。

期初のすべり出し悪く、3ヵ月が経過する。〟今期はダメかな〟と思うが、「いやできるはずだ。〟本気〟でやれば」と自分に言いきかせる。

未達の項目達成のためには、どうしたらよいか。役席の一人ひとりに聞く。

「あなたならどういう手を打ちますか」アノ手コノ手の方法・手段が出てくる。全員を集めて「この通りやれば必ずできる、あと3ヵ月！」職員の前では努めて明るい顔をする。明るいコトバをかける。

朝礼・会議でも「いい線いってるぜ、連続表彰にもう一歩だ、必ずできるよ！」と自信たっぷりに言い切る。

業績表彰式で頭取から賞状を受け取るとき、心の中でつぶやく。

「みんな、みんな、ありがとう。〟本気〟でやったら、これだけのことができたよ、ね。アイデアを出し、先頭に立ってみんなを引っぱってくれた役席の人たち、そして職員の一人ひとりに、ありがとう。お客さまにも、ずいぶん助けて頂いた。ありがとうございます」

「本気」の詩が頭をよぎる。〟支店長冥利につきる〟とはこの瞬間をいうのでしょうか。

ココロが燃えればアタマが回る

――山崎さんの本気とか熱意とかは単なる精神論、根性論ではないのですね。

山崎　ハイ、「オレについてこい」式の〟叱咤激励型〟のリーダーは、短期間ではけっこう業績を上げるのですが、長続きしませんね。

高い目標を掲げて本気で達成してやろう、とリーダーが決心すると、その熱気が役席に、そして全員に伝わるのでしょうか。部下のヤル気を刺激して、いろいろの戦略・戦術が次々に湧いてくるフシギな体験をしてきました。

ココロが燃えるとアタマが回転してくるのでしょうか。アイデアが生まれる。次いでカラダの動きもよくなってくる。

不振店に着任する。一人ひとりに面接する。各人の業績も眺める。マジメだけれど明るさがない人、能力はあるのにシラケており、力量の半分も出していない人。「マッチ一本、火事のモト」という。〝燃える集団づくり〟のためには、どこに火をつけるか。ぶっそうな表現だけれど、私は〝放火犯〟の心境になる。

ヤル気はあるのだが、シラケた不振店の空気の中では浮いてしまっている男3人。そうだ！　彼らに中心になってもらおう。期待に応えてくれた。いや、期待以上に――。

30人、50人の集団を〝燃える集団〟に導いていくには――支店長時代、いつも頭から離れない私のテーマでした。

私は小学生のころ（昭13〜17年）から職業野球が大好きで、ガラガラの後楽園に通ったものですが、現職支店長時代にはプロの監督の言動に興味をもっていました。支店長稼業も、ちょっと似ているところがありますよね。

試合の翌朝の新聞に載る監督の談話はそれぞれ個性がでていて面白い。当時の広島の古葉監督は「三遊間の難しい球でダブルプレイをとった高橋慶の地味なプレイが光っていた」などのコメントがさすがでしたね。

古葉さんは、現役時代は目立った選手ではなかったのに、コーチ時代に力をつけて、監督になって広島の黄金時代を創られた。選手をよく掌握してヤル気を引き出すのがうまかったようですね。ヤル気が出ると、能力全開となって技術的にも向上するのでしょうね。

支店長は「やる気起こしの仕掛人」。プロ野球の名監督から多くのことを学ばせて頂きました。

●あとがきに代えて

新しい人生へ

愛誦詩集の普及をライフ・ワークに

5店舗連続12年の支店長稼業を終えた時、私はノイローゼ状況になりました。「イライラして落ち着きがなくなり落ちこんでいた」と妻は当時を回想して言います。54歳になるところでした。定年まで1年余り、第二の人生設計への不安もあったのでしょう。これからは何を生き甲斐にしたらよいのか、自分は一体、何ができるのか。考えれば考えるほど分からなくなりました。

迷った時、苦しい時、これまでいつもしてきたように、1冊の詩集をパラパラとめくりました。一篇ずつ心をこめて読んでいくうちに、気持ちが軽くなり明るくなっていきました。「そうだ、私にはこの詩集があったのだ」。戦後、中学2年以来いつも私を支えてくれたこの詩集が〝私の宝物〟であることを再認識したのでした。

そして私の目標が決まりました。この詩集『権威』を一人でも多くの人にご紹介すること、これを「私のライフワーク」にしよう、と。

あのときから6年5ヵ月。その間、研修・講演を通じて私の話を聴いて下さった方が、のべ5万3000名を超えました。

どの会場でも「明るく大きく考えよう」のスローガンを高く掲げました。そして「本気」ほか数篇の詩のコピーを配布しました。

東京・有楽町のYホール、超満員の1150名、2時間の講演が終わるやロビーへ殺到。準備した850冊はアッという間に完売。追加注文が500冊。嬉しかったですね。

「毎朝、持ち回りの3分間スピーチに《権威》を使うようにしたら、朝礼に活気が出てきました。この中から自分の好きな詩をひとつ選んで、感想を発表してもらうことにしたのです」

旭川の支店長Kさんからのご報告に大いに喜びました。

また「明るく大きく考えよう」のスローガンも大きな反響を呼びました。山形のS行は頭取が先頭に立って「明るく大きく運動」を定着させ、和歌山のK行は社内活性化のスローガンとして採用、全国紙の全面広告でこれを打ち出しました。

各地の優績店を訪ねると「明るく大きく」のスローガンと「本気」の詩に出会うことが多いのも私の喜びです。

本書にここまで目を通して下さったことに感謝いたします。そして、あなたの支店長人生と、これからの人生航路のお幸せを心よりお祈り申し上げます。

やる気起こしのリーダー指南書（発刊後の反響）

ベテラン支店長（福岡）　私に残されたあと僅かな貴重な時間を、明るく大きく本気でやってみよう——そういう気持ちを与えてくれた名著でした。拍手・拍手——。

新任支店長（仙台）　金融環境大激変の時代なのに、すでに14版——内容が少しも古くならず我らを励まし今も十分に通用するのはなぜか——修羅の現場にありながら、お客様第一の金融機関のあるべき姿を先見性をもって示し、「明るく大きく本気」で実行された貴重な記録。

キュウ氏（韓国・中小企業銀行）　ハングル語訳の「優績店」で支店長のレベルアップ中です。詩集権威（翻訳版）も銀行の内外に感動が広がっています。

磯崎良誉氏（元東京地裁判事）　書評欄に「この本は単に経営のテクニックだけでなく、指導者の人間性の豊かさとおおらかさこそ業績向上のカギであることを教えて興味深い」。

伊藤文夫氏（静岡・評判の名医）　久々に胸の開く思いがしました。読んでいて気持ちが良くなりました。読みやすい、しかも中味の深い本です。感動しました。

全国各地から激励のお手紙・おハガキ・ＦＡＸ・お電話が次々と届き、感謝します。

山崎喜芳（きよし）近況報告

金融研修センター20年。地方出張の多い仕事柄、新幹線・空港に近い横浜へ移転しました。研修先の銀行・信用金庫でトップの方から「新任支店長時代センセイの研修を受講し、「優績店」からも沢山のヒントを頂きましたよ」と、嬉しいお話を伺います。

支店長研修のほか〝ヤマザキ・マジック〞を多くの方にお伝えしたくて「経営活性化研究所代表・山崎きよしの元気セミナー」で全国を歩いています。いずれも恩師後藤静香先生の人生詩集「権威」をベースに、私の体験談をおもしろくパワフルにお伝えしています。

私の話を聞いて下さった方が、この20年間で15万人を超えました。「元気が出ました。がんばります。センセイも生涯現役で！」と握手されると、嬉しい感動の毎日です。

元気で研修・講演ができるのは、西野流呼吸法に妻と共に15年、細胞レベルからイキイキと活性化しパワー充実、創始者西野皓三先生のご指導のおかげです。

札幌での支店長研修の時「センセイが実年齢より20年若くパワフルなヒミツは？」と問われて体験を披露しました。上京し西野流呼吸法を体験された旭川の支店長の感想は、「すごい！　おかげで連続優績店です」。

また支店長時代を支えてくれた内助の功、金融研修センター設立でパートナーとなった妻敏子に感謝。この協力なくしては20年続かなかったことも付記させて頂きます。

（２００５年7月）

支店長各位へ

〈ヤマザキ支店長応援団長よりメッセージ〉

支店長の仕事は面白い

頑張らずに顔晴《がんば》って下さい

〈人生100年時代・仕事と人生に成功するキーワード〉

〈明るく大きく・本気・生涯青春〉

〈著者紹介〉
山崎喜芳（やまざき　きよし）
金融研修センター所長
都市銀行支店長（現三井住友銀行）として，連続12年，5店舗を歴任。その間，業績不振店をつぎつぎと連続表彰の優績店に復活させ，再建屋支店長の異名をとった。そのたくみな支店経営の体験をもとにした研修・講演は説得力に富む。
各金融機関の管理者研修会をはじめ地銀協，第二地銀協，信金協などの支店長研修会の講師もつとめ，豊かな指導力には定評がある。
また，支店長時代より盲人のための「日本点字図書館」評議員，重度心身障害児施設「さわらび療育園」創立理事，青少年育成団体「たんぽぽ会」リーダーなど，ボランティア活動でも長年活躍。
長崎県佐世保市生まれ，青山学院大学経済学部卒業。編著書に『これが支店長だ』『実戦・支店長』（共に近代セールス社刊）がある。
〔連絡先〕〒244-0002
神奈川県横浜市戸塚区矢部町321-15-605
TEL 045(869)3939　FAX 045(869)3940

優績店はこうして創る＝山崎喜芳の体験的支店長講座

平成４年３月25日　初版発行
平成25年２月20日　16版発行
（定価はカバーに表示してあります）

著者　山　崎　喜　芳
発行者　福　地　健
発行所　株式会社　近代セールス社

本　社（〒164-8640）東京都中野区中央１-13-９　TEL 03（3366）5701（代）
関西支社（〒530-0044）大阪市北区東天満１-11-13　TEL 06（6882）6105（代）
九州支社（〒812-0018）福岡市博多区住吉４-５-２　TEL 092（441）5685（代）
名古屋支社（〒460-0002）名古屋市中区丸ノ内2-18-22　TEL 052（221）6532（代）

印刷・製本　広研印刷 株式会社

ISBN978-4-7650-0807-5